ANA MARIA MACHADO

uma autora em perspectiva

ANA MARIA MACHADO

uma autora em perspectiva

Organização de Ascensión Rivas Hernández

1ª edição
São Paulo
2024

© Academia Brasileira de Letras, 2024
© Global Editora, 2024

1ª Edição, Global Editora, São Paulo 2024

Jefferson L. Alves – diretor editorial
Gustavo Henrique Tuna – gerente editorial
Flávio Samuel – gerente de produção
Ascensión Rivas Hernández – organização
Susana Ventura – tradução dos textos em espanhol
Marina Itano – projeto gráfico e capa
Fernando Rabelo – foto da capa
Equipe Global Editora – produção editorial e gráfica

DIRETORIA DA ABL
Merval Pereira – presidente
Antonio Carlos Secchin – secretário-geral
Geraldo Carneiro – primeiro-secretário
Antônio Torres – segundo-secretário
Paulo Niemeyer Filho – tesoureiro

Dados Internacionais de Catalogação na Publicação (CIP)
(Câmara Brasileira do Livro, SP, Brasil)

Ana Maria Machado : uma autora em perspectiva /
Ascensión Rivas Hernández (org.) ; [tradução Susana Ventura]. –
1. ed. – São Paulo : Global Editora, 2024.

Vários autores.
Título original: Palabra de mujer
ISBN 978-65-5612-645-6

1. Literatura infantojuvenil – História e crítica 2. Machado,
Ana Maria, 1942- – Crítica e interpretação I. Rivas Hernández,
Ascensión.

24-216137   CDD-809.89282

Índices para catálogo sistemático:
1. Literatura infantil e juvenil : História e crítica   809.89282

Cibele Maria Dias - Bibliotecária - CRB-8/9427

Obra atualizada conforme o
NOVO ACORDO ORTOGRÁFICO DA LÍNGUA PORTUGUESA

Global Editora e Distribuidora Ltda.
Rua Pirapitingui, 111 – Liberdade
CEP 01508-020 – São Paulo – SP
Tel.: (11) 3277-7999
e-mail: global@globaleditora.com.br

grupoeditorialglobal.com.br   @globaleditora
/globaleditora   @globaleditora
/globaleditora   /globaleditora
blog.grupoeditorialglobal.com.br

Direitos reservados.
Colabore com a produção científica e cultural.
Proibida a reprodução total ou parcial desta
obra sem a autorização do editor.

Nº de Catálogo: **4755**

ANA MARIA MACHADO
uma autora em perspectiva

Sumário

8 Prólogo – Ana Maria Machado e o compromisso com a literatura
por Ascensión Rivas Hernández

16 Fragmentos de mistério: Clarice Lispector
por Ana Maria Machado

28 Memória e sensualidade: gestos de vida na narrativa de Ana Maria Machado
por Antonio Maura

42 História e ficção em *Tropical sol da liberdade*
por Ascensión Rivas Hernández

62 A (re)apresentação de Machado de Assis em Ana Maria Machado: a ousadia de trazer o clássico à modernidade
por Cristiane Ferreira de Souza

80 *A audácia dessa mulher* ou quatro mulheres audaciosas
por Marilene Weinhardt

96 As funções de contar em *Palavra de honra*
por María Isabel López Martínez

118 Uma história toda sua: a personagem feminina e as representações de gênero em *Um mapa todo seu*
por Giulia Manera

132 Um país todo seu: o protagonismo feminino em *Um mapa todo seu*
por Maria Eunice Moreira

146 *"Menina bonita do laço de fita,* qual é o teu segredo...?" Cartografias da ficção em Ana Maria Machado
por André Luís de Araújo

164 Ana Maria Machado: desejos, lutas e sonhos em meio século de escrita feminista
por Elvira Luengo Gascón

180 *O veado e a onça*: o sentido do ser ecológico e da casa
por Maria da Luz Lima Sales

200 A luta contra o preconceito em Graciliano Ramos e Ana Maria Machado
por Michela Graziosi

216 O diálogo dos lobos em Ana Maria Machado e Roald Dahl
por Valquiria Pereira Alcantara

234 As mulheres entre as tramas dos teares de escrita na obra de Ana Maria Machado
por Meire Oliveira Silva

252 Sobre os autores

Prólogo

Ana Maria Machado e o compromisso com a literatura

Ascensión Rivas Hernández
Universidade de Salamanca

Ana Maria Machado, escritora

Conheci Ana Maria Machado em 2012, quando ela presidia a Academia Brasileira de Letras (ABL) e eu começava a conhecer a literatura brasileira. Desde o início, me chamaram a atenção a singeleza e a naturalidade com que ela se portava nas relações interpessoais, pois, ainda que ocupasse um cargo de muita relevância e fosse uma escritora reconhecida, facilitava a comunicação e não agia como quem se confere "importância". Daquele longínquo 2012, lembro-me da minha primeira visita à ABL e do encontro com a gentileza, a cordialidade e a atenção de Ana Maria ao escutar minhas sugestões de trabalho. Depois disso, nos escrevemos muitas vezes, sempre para tratar de assuntos relacionados à literatura, e até nos encontramos novamente em Salamanca. Apesar dessa simplicidade e da facilidade no trato, estamos diante de uma figura histórica no panorama da literatura brasileira, contemplada com o Prêmio Hans Christian Andersen, equivalente ao Prêmio Nobel no âmbito da literatura infantojuvenil.

Carioca de nascimento, Ana Maria Machado se iniciou na pintura, arte que nunca abandonou e que estudou no Rio de Janeiro e em Nova York. Mais tarde, adentrou a literatura, espaço no qual ela se move com absoluta desenvoltura. Realizou seus estudos na sua cidade natal, mas as circunstâncias políticas – sofreu represálias por parte da ditadura brasileira – levaram-na a exilar-se na Europa. Em Paris, completou seu doutorado com uma tese sobre Guimarães Rosa, que foi orientada por Roland Barthes. Também trabalhou como jornalista para a revista *Elle* e para a BBC de Londres, além de ter sido professora na Sorbonne enquanto escrevia livros para crianças. Em 1972, regressou ao Brasil e inaugurou sua própria livraria, a Malasartes. Em 1980, abandonou o jornalismo para se dedicar completamente à escrita. Ademais, exerceu a docência em diversas instituições, como a Universidade Federal do Rio de Janeiro (UFRJ), a Pontifícia Universidade Católica do Rio de Janeiro (PUC-Rio), a Universidade de Berkeley (Califórnia) e a Universidade de Oxford, na qual ocupou a cátedra Machado de Assis entre 2005 e 2006.

Sua obra foi publicada em vinte países, recebendo prêmios importantes tanto no Brasil como no exterior. Entre eles, no Brasil, estão o Prêmio Machado de Assis da Biblioteca Nacional (1999), na categoria romance, e o Prêmio Machado de Assis (2001), conferido pela ABL pelo conjunto da obra. No exterior, venceu o Prêmio Casa de Las Américas (1980) e o Prêmio Hans Christian Andersen (2000), pelo conjunto de sua obra infantojuvenil. Em mais de uma ocasião, foi agraciada no Brasil com os prêmios Jabuti, Bienal de São Paulo, João de Barro, Cecília Meireles, entre muitos outros. Ana Maria Machado é não somente uma autora muito premiada, mas também muito lida, tendo ultrapassado a marca dos 20 milhões de exemplares vendidos.

A produção de Ana Maria Machado ainda se mostra extraordinariamente variada. Escreveu ensaios, romances e mais de cem títulos de literatura infantojuvenil. E, como assinalei, é membro da Academia Brasileira de Letras, instituição em que ocupa a cadeira de número 1 desde 2003 e da qual foi presidenta entre 2012 e 2013.

Em suas obras, percebe-se que a literatura representa um lugar de liberdade, permitindo que seja exercida a resistência por meio do uso metafórico da linguagem, valendo-se disso até para expressar seu ponto de vista político; é também um espaço privilegiado, que lhe permite ser ela mesma e, ao mesmo tempo, muitas outras, e no qual defende os direitos humanos e as causas que lhe parecem justas. Disso decorre que, em seus romances, ela manifesta uma visão crítica da sociedade e do mundo. É habitual encontrar expresso seu ponto de vista sobre a sociedade brasileira, o qual está destacado em romances como *O mar nunca transborda* (1995) e, sobretudo, em *Tropical sol da liberdade* (1988), em que combate de frente a intolerância, a ditadura e a injustiça social, ideias refletidas em personagens que sofrem as consequências da desordem e da arbitrariedade.

Ao mesmo tempo, sua visão crítica não está separada de um profundo amor por seu país, o que fica evidente em cada um de seus trabalhos. O Brasil está sempre presente em sua literatura, nas memórias de suas personagens, e às vezes dói, como acontece quando amamos de maneira incondicional. Como se diz em relação a Lena, a protagonista de *Tropical sol da liberdade*: "E aí o Brasil doía em cada fibra" (Machado, 1988: 177).

Além disso, Ana Maria Machado joga com o caráter referencial da escrita a fim de aproveitar acontecimentos de sua vida e de expressar sentimentos próprios tanto para caracterizar suas personagens quanto para elaborar as tramas. Outra peculiaridade de sua narrativa é que, nela, a autora revela sua consciência do uso da linguagem e de suas estruturas. Isso ocorre de modo particularmente cuidadoso em seus romances, nos quais utiliza diferentes pontos de vista para explorar as múltiplas facetas de uma mesma realidade, muitas vezes jogando conscientemente com os conceitos de história e ficção e introduzindo diversos pontos de vista e formas discursivas para conferir maior verossimilhança e pluralidade à história narrada.

Em relação às personagens, muitas das quais são mulheres, a recordação do passado tem importância significativa. Disso decorre que, nos romances, se repita a ideia de regressar, seja ao Brasil, seja à pátria, como sucede em *O mar nunca transborda*, seja à casa da infância, como ocorre em *Tropical sol da liberdade*. Além disso, no caso das protagonistas femininas, há a busca por um espaço próprio, à margem de tudo que as cerca, um lugar onde possam se refugiar e ser autênticas – o "quarto todo seu" de que falava Virginia Woolf, o dique que delimita um território particular, de liberdade pessoal, como lemos em *Tropical sol da liberdade*.

Na obra de Ana Maria Machado também é igualmente significativa a atenção especial conferida às coisas simples da vida, que proporcionam prazer, como contemplar o mar, tomar sol, observar o ir e vir de pequenos insetos, passear por uma praia, preparar uma noite especial, ver a lua cheia surgindo ou manter uma conversa com alguém querido.

Suas obras para crianças e jovens, que a tornaram uma autora reconhecida mundialmente, recolhem histórias que, em muitos casos, surgiram de sua convivência com pessoas próximas – como seus filhos ou amigos de seus filhos – e que, por isso, estão repletas de verdade. Com elas, Ana Maria Machado pretende levar a cultura para todas as crianças de seu país, onde as diferenças econômicas entre a população são a causa de uma enorme desigualdade social. Por isso, a autora costuma se referir ao valor social da palavra e à sua utilidade como forma de aproximação entre as pessoas, como manifestado em uma entrevista concedida a Juan Carlos Millán Guzmán, em 2017:

> Creio, sim, que escrever implica acreditar no diálogo. Porque se trata de uma aposta, ao permitir que a palavra se aproxime dos seres humanos. Esta seria a importância dos escritores e da escrita para um processo de paz: a literatura nos permite compreender as razões do outro.
>
> Cada vez que lemos um romance ou uma história, estamos diante de personagens que são diferentes de nós; através da literatura podemos chegar a ver e talvez a compreender esses outros pontos de vista e modos de pensar que, na maior parte das vezes, não são tão diferentes dos que nós mesmos temos.

Este livro

Entre os dias 26 de abril e 7 de maio de 2021, foi celebrado o II Congresso Internacional de Literatura Brasileira "Ana Maria Machado y el compromiso literario", no Centro de Estudos Brasileiros da Universidade de Salamanca, Espanha. O encontro, ocorrido durante uma das fases mais difíceis da pandemia de covid-19, foi inteiramente online. Este livro recolhe alguns dos aportes mais significativos ao Congresso, que abordou questões de literatura brasileira em geral e sobre a obra da escritora carioca em particular. Dentre esses aportes, destaca-se o da própria Ana Maria, em um texto em que rememora seu primeiro encontro informal com Clarice Lispector, já então uma célebre escritora que, misteriosamente, requisitou a presença de Ana Maria Machado em sua casa. Naquela época, Ana Maria era uma jovem editora de rádio, ainda desconhecida do público, que havia retornado de Paris após concluir o doutorado com uma tese orientada por Roland Barthes. Clarice queria que Ana Maria a ajudasse a organizar os materiais do que finalmente se tornaria o romance *A hora da estrela*, publicado em 1977, pouco tempo antes de sua morte. Ana Maria, embora se sentisse honrada com a proposta, não aceitou realizar o trabalho.

Acompanhando esse primeiro texto, o livro inclui trabalhos de importantes brasilianistas de ambos os lados do Atlântico, muitos dos quais se dedicam a analisar a componente feminina na obra da autora. Entre eles, há os que enfatizam o compromisso de Ana Maria com as mulheres a partir de perspectivas abertamente feministas. Ademais, o livro contém análises certeiras sobre algumas das obras mais significativas de Ana Maria Machado, tanto em sua faceta de escritora para adultos como na de autora de literatura infantojuvenil. Assim, o leitor poderá encontrar reflexões sobre os romances *Tropical sol da liberdade*, *Palavra de honra*, *A audácia dessa mulher* e *Um mapa todo seu*, bem como sobre os livros *Raul da ferrugem azul, Procura-se lobo, O veado e a onça* e *Menina bonita do laço de fita*, entre outros. Neste livro, são apresentadas análises críticas baseadas na teoria literária, trabalhos de caráter histórico e análises comparativas que ajudarão a compreender melhor a inestimável produção dessa autora.

Meu agradecimento a todos os que participaram dessa aventura. Nem sempre é fácil atentar às normas temporais ou ajustar textos às necessidades editoriais. Fica também meu agradecimento a Elisa Duarte e a Esther Gambi pelo trabalho de revisão dos textos em português.

Referências bibliográficas

MACHADO, Ana Maria. *Tropical sol da liberdade*. Rio de Janeiro: Nova Fronteira, 1988.

MILLÁN GUZMÁN, Juan Carlos. "Experiencias, leer en voz alta, leer es mi cuento". *In: MaguaRed, cultura y primera infancia en la red*, 3 fev. 2017. Disponível em: https://maguared.gov.co/ana-maria-machado-literatura-comprender-otro/#:~:text=Creo%20s%C3%AD%20que%20escribir%20implica,comprender%20las%20razones%20del%20otro. Acesso em: 7 jun. 2024.

Fragmentos de mistério: Clarice Lispector

Ana Maria Machado

Academia Brasileira de Letras

Quando não estou escrevendo, eu simplesmente não sei como se escreve. E se não soasse infantil e falsa a pergunta das mais sinceras, eu escolheria um amigo escritor e lhe perguntaria: como é que se escreve?

Clarice Lispector, *Todas as crônicas*[1]

Sei que esse encontro aconteceu em 12 de novembro de 1975 porque houve uma data que serviu de marco: os 60 anos de Roland Barthes.[2] Daí ser possível fixar com exatidão a referência temporal dessa minha conversa com Clarice Lispector. É claro que eu já a conhecia desde antes, de alguma forma, ainda que superficialmente. Primeiro, como leitora, desde quando eu estava na faculdade, no início da década de 1960. Fascinada, lia crônicas e contos inquietantes que ela escrevia na sofisticadíssima revista *Senhor*, que então representava a vanguarda absoluta em qualidade de textos jornalísticos e literários e no primor e requinte de sua concepção gráfica, sob os cuidados de nomes como Bea Feitler, Carlos Scliar e Glauco Rodrigues. Depois me convertera em fiel leitora, tanto do que ela publicara em livros quanto da coluna que mantivera por um bom tempo no "Caderno B" do *Jornal do Brasil*, antes que eu começasse a trabalhar lá. Acho que dá para dizer que, mais que leitora, eu era fã da escritora.

---

1   *Jornal do Brasil*, 30 nov. 1968. *In*: LISPECTOR, Clarice. *Todas as crônicas*. Rio de Janeiro: Rocco, 2018, p. 172.

2   Este texto foi publicado pela primeira vez, 45 anos depois de ser escrito, na revista *Serrote*, n. 35-36, em 2020.

Além disso, já falara com Clarice pessoalmente, embora com certeza ela não tivesse registrado esses encontros nem se lembrasse de mim. Tinha sido apresentada a ela e trocado algumas palavras em alguns eventos. Lembro de um, em especial, em que até conversamos um pouquinho, ao pé de uma árvore, no ambiente quase bucólico e suburbano de uma vila de casas simples em Copacabana, numa noite de autógrafos de livros editados pela então Editora do Autor, que mais tarde se chamaria Sabiá, e que publicava nomes como Vinicius de Moraes, Rubem Braga, Fernando Sabino, Paulo Mendes Campos e o então estreante Aguinaldo Silva, a essa altura um adolescente promissor.

Mas a verdade é que, até esse dia de novembro de 1975, Clarice Lispector e eu nunca tínhamos conversado para valer.

Daí meu espanto com o recado que encontrei à minha espera sobre a mesa na redação da Rádio Jornal do Brasil, quando cheguei de manhã para mais um dia de trabalho. Para ser exata, eram três ou quatro recados com pequenas variantes, nas caligrafias dos diferentes colegas do turno da madrugada que atenderam aos sucessivos chamados. URGENTE – LIGAR PARA CLARICE LISPECTOR ASSIM QUE CHEGAR. E um número de telefone.

Um pouco emocionada com a perspectiva de falar com ela, disquei o número ainda em pé, antes mesmo de me instalar à mesa. A voz rascante atendeu ao primeiro toque. Como quem estivesse a postos, ansiosa, na expectativa daquele som. Explicou que precisava falar comigo imediatamente sobre alguma coisa que eu tinha escrito e saíra no *Jornal do Brasil*. Mas tinha de ser em pessoa, nada de telefone. Então me pedia que eu fosse imediatamente encontrá-la em sua casa. Estava à minha espera.

Expliquei que acabara de chegar ao jornal, tinha todo um dia de trabalho pela frente, não podia sair assim de imediato. Mas poderia passar lá por volta das 7 da noite, quando saísse da redação.

— Não posso esperar até de noite, é muito urgente. Você não entendeu. Não pode dar um jeito de vir agora?

Foi quase constrangedor. Ela achou que era pouco caso de minha parte ou que eu não estava dando importância à sua necessidade premente. Eu expliquei que tinha um horário a cumprir, não podia dispor do meu tempo como quisesse. Não havia jeito de ela aceitar minha recusa. Finalmente, pareceu se render ao irremediável e desligamos.

Logo em seguida, ligou de novo. Insistia, compulsiva:

— Não dá para esperar. Preciso que você venha logo.

Pausa. Depois emendou:

— Mas eu tive uma ideia.

E deu a sugestão:

— Não pode pedir a alguém para te substituir?

Não, não dava.

No decorrer do dia, ligou mais duas vezes, insistindo. Como criança que, em viagem de automóvel, fica a todo hora perguntando se falta muito para chegar ao destino. Evidentemente, estava aflita.

Fui ficando preocupada. E, afinal, tratava-se de Clarice Lispector, a grande escritora, em uma situação de emergência. Mas não era fácil sair. Eu era editora de jornalismo da rádio, então com a delicada responsabilidade diária de enfrentamento da censura, além da supervisão do trabalho de toda a equipe de repórteres e redatores, sucursais e correspondentes. Adiantei como pude o que eu tinha de fazer e resolvi falar com o superintendente da rádio. Dei a desculpa de um imprevisto pessoal, expliquei que já tinha providenciado para o chefe de redação me substituir no fechamento do longo noticiário das 18h30. E pedi para sair mais cedo.

Dessa forma, consegui sair da avenida Brasil por volta de 5 da tarde. Cerca de uma hora depois, chegava ao Leme. Com a luminosidade do verão, ainda estava claro. Em frente ao endereço que ela me passara, estacionei, fechei o carro, olhei para cima e vi que uma mulher estava à janela do andar correspondente ao endereço que ela me dera. Acho que sétimo. De qualquer modo, bem alto. De longe, eu não podia distinguir os traços, mas podia apostar que era Clarice.

Entrei no prédio, dirigi-me ao elevador. Ao atingir o andar, não precisei abrir a porta. No hall, Clarice Lispector já a abria e a segurava para mim, dizendo algo assim, em tom de quem reclama:

— Como você demorou! Já estava achando que nem vinha...

Era toda expectativa.

Deixara a porta do apartamento escancarada para o hall. Entramos, me fez sinal para sentar em uma poltrona de frente para a janela, sentou-se no sofá, sobre as pernas cruzadas, e ordenou:

— Fale.

— De quê? – perguntei um tanto assustada.

— De tudo. Quero saber tudo.

Continuei muda, perplexa, olhando para ela. Não fazia ideia do que pretendia de mim.

Vendo que eu não entendia, me passou o *Caderno B* do jornal daquela manhã, dobrado, exibindo a página de meu texto. Vi que havia alguns parágrafos sublinhados, pontos de exclamação em alguns trechos e breves comentários escritos nas margens, numa caligrafia esparramada e espaçosa.

Mesmo sem saber o que ela queria, acabava de vislumbrar um possível assunto: Roland Barthes. Era o tema do que eu havia escrito e tinha sido publicado em página inteira naquela manhã, marcando os sessenta anos de nascimento do crítico francês, com quem eu estudara alguns anos antes e sob cuja orientação preparara minha tese sobre Guimarães Rosa. A essa altura, ainda inédita, pois a primeira edição só viria a sair no ano seguinte.[3]

---

3   O livro foi lançado pela editora Imago sob o título *Recado do nome: leitura de Guimarães Rosa à luz dos nomes de seus personagens.* Hoje, faz parte do catálogo da Companhia das Letras.

Comecei, então, a falar de Roland Barthes. De como ele era, como funcionara no papel de meu orientador, como desenvolvia suas aulas. Falei também um pouco sobre Guimarães Rosa, sobre minha hipótese de trabalho a respeito da escrita dele. Nem cheguei a me estender muito, pois logo pude perceber que nada disso a interessava, em nada.

Por outro lado, notei uma brecha. Ela quis saber mais sobre meu trabalho com Barthes. De vez em quando, me interrompia com alguma pergunta. Assim, fui compreendendo que o que realmente a atraía era a ideia de que um livro pudesse ser todo feito de fragmentos – como algo que eu mencionara de passagem em meu artigo –, a propósito do então recentíssimo lançamento de *Roland Barthes par Roland Barthes* na série "Ecrivains de Toujours da Seuil".

Interessou-se também por outro ponto a que me referi: a questão que Barthes formulou e buscou desenvolver, sobre "por onde começar?".

A partir desses dois temas, após uns 15 minutos em que ela falara muito pouco, a conversa engrenou com mais fluidez. Clarice começou a se manifestar cada vez mais. Não me pareceu animada nem entusiasmada com o assunto, mas aflita, perturbada, quase angustiada e compulsiva. Acabou por me dizer, quase em tom de confidência, que estava havia um ano e meio escrevendo um livro e agora achava que estava pronto. Ou quase. Mas tinha um problema: não sabia como ordená-lo.

Não entendi bem, mas logo ela passou a esmiuçar melhor.

Para começo de conversa, não sabia por onde começar o novo livro. E também não fazia ideia de como arrumá-lo depois que começasse. Mas estava convencida de que não faltava escrever mais nada, já tinha tudo pronto. Só que em fragmentos. Esse era o problema. Precisava montar o quebra-cabeças. Explicou que sabia que tinha uma protagonista e muitas reflexões sobre ela. Tinha também alguns diálogos entre essa protagonista e outros personagens. E as situações vividas. Tinha todas as partes, estava segura disso. Mas não tinha o todo, e isso a deixava numa situação de desespero total.

De manhã, quando lera meu artigo, imaginou que eu poderia socorrê-la, porque teve a sensação de que eu compreendia seus problemas, falava deles de uma forma com a qual se sentia plenamente identificada, próxima, confiante. E ela não estava mais aguentando continuar naquela situação. Queria então me pedir que a ajudasse a ordenar a obra.

Insistiu muito em dizer que não fazia ideia de como começaria e ficou muito surpresa quando eu argumentei de volta, garantindo que começar nunca foi problema para ela. Para dar um exemplo de sua segurança nessa área, mencionei que, afinal, ela até mesmo já começara um romance por uma vírgula.

Negou com veemência, dizendo que isso não acontecera, eu estava inventando, ela não faria uma coisa dessas, jamais. Insisti, ela continuou a negar. Era uma discussão ridícula, eu garantindo que ela escrevera algo de que não se lembrava e que se recusava a reconhecer.

Tive de lhe provar, pedindo que pegasse na estante um exemplar de *Uma aprendizagem ou o livro dos prazeres*. Abri na página inicial e mostrei: ", estando tão ocupada, viera das compras de casa que a empregada fizera às pressas..." etc.

Ficou em silêncio, com ar de espanto, parecendo realmente perplexa com a revelação. Viu que era verdade: ela já começara um romance por uma vírgula. Apenas admitiu que esquecera.

Depois, se levantou de novo, foi até a estante e guardou o livro. Mas pegou uma caixa em uma das prateleiras. Trouxe-a de volta ao sofá, abriu-a e começou a me mostrar papeizinhos diversos, com fragmentos escritos, e algumas páginas inteiras. Uma grande mistura. Havia de tudo. Trechos datilografados e manuscritos.

Dos mais variados formatos e feitios, de papel de embrulhar pão a verso de nota fiscal. Alguns eram diálogos. Outros, coordenadas para uma cena. Outros, ainda, informações soltas, quase de almanaque, sobre animais, plantas, vultos históricos, estatísticas. Sem disfarçar um certo constrangimento, me disse que nunca lhe acontecera isso, era a primeira vez que estava pedindo socorro a alguém para escrever um livro.

Narrou um sonho comprido que tivera, em que o narrador de um dos fragmentos mais longos lhe aparecia e conversava com ela. Contou sua lembrança desse sonho e desse diálogo, pedindo-me que lhe explicasse seu significado. Quando, meio assustada, eu lhe disse que não era psicanalista e seria charlatanice me meter a dizer qualquer coisa a respeito, ficou quase agressiva, dizendo que se eu tinha uma tese em Semiologia devia ser especialista em significados, mas meu comportamento era egoísta porque não estava querendo colaborar.

Fiquei firme em minhas negativas no que se referia a interpretações do sonho ou disposição para ajudar no texto. Mas continuamos conversando sobre o que sonhara e as coisas que o narrador lhe dissera então. Era um contexto belo e rico, intenso, cheio de vertentes que ela abria para si mesma e não via – pelo menos, ao que me parecia. Sua total ignorância confessa sobre os caminhos do inconsciente era comovedora e me deu a medida da grandeza de sua intuição, da força de sua percepção, capazes de criar uma obra de tamanha verdade psicológica.

Em algum ponto, tornei a lhe dizer que todas as soluções para seu livro teriam que vir dela mesma. Fiquei firme, por mais que ela insistisse. Eu não poderia jamais tocar naqueles fragmentos de sua obra para ajudar a ordenar. O livro era só seu, de mais ninguém.

No momento em que compreendeu que minha decisão era inabalável, me olhou em silêncio, foi ficando com os olhos úmidos e começou a chorar. Sem dizer nada. Testemunhar aquela cena foi um momento muito aflitivo para mim. Depois de algum tempo, Clarice falou, como se concluísse:

— Então estou mais sozinha do que pensava. Faz mais de um ano que esperava que alguém pudesse me ajudar, tinha certeza de que um dia ia encontrar. Hoje de manhã te encontrei no que você escreveu no jornal. Achei que estava tudo resolvido. Eu sei que você pode me ajudar, se quiser. Mas você não quer. Prefere dizer não. Estou mais sozinha do que nunca. Agora vou ter de fazer por mim mesma.

Tentei sugerir uma fórmula intermediária, me oferecendo para vir outras vezes a sua casa conversar com ela. Podíamos falar de coisas variadas, inclusive do livro. Talvez trocar ideias a ajudasse, e ela então pudesse prosseguir. Mas reiterei que o livro era dela, e só ela poderia tocar nele.

Essa proposta não a satisfazia. Não consegui perceber se minha sugestão a irritava ou a angustiava. Ela fazia longos silêncios e eu não sabia como interromper a situação aflitiva que se criara. A essa altura, já anoitecera, e ficamos algum tempo caladas, as duas na quase escuridão, antes que ela se desse conta e acendesse uma luz. Finalmente, consegui dizer que precisava ir embora.

Ao me levar até a porta, enquanto esperávamos o elevador, Clarice rompeu o silêncio:

— Você não pode mesmo me dar nada, a não ser a certeza de minha solidão?

Nem sei direito com que palavras tentei assegurar, mais uma vez, que podia dar amizade, mas não ajuda com o livro. A decepção que tivera comigo era evidente e aflitiva. Como se eu a estivesse abandonando de propósito.

Ao chegar em casa, com a sensação de estar saindo de um pesadelo ou um estranho sonho, fiz logo algumas anotações do encontro, numa espécie de ajuda-memória (como dizem os franceses). Usei minha experiência de repórter para tentar registrar da maneira mais fiel possível as frases que acabara de ouvir. Já começava a duvidar do turbilhão emocional em cuja órbita eu girara naquelas poucas horas.

Dois dias depois, Clarice me telefonou de novo. Calma, quase carinhosa, queria me agradecer. Disse que respeitava muito minha atitude e via que eu tinha razão. E que eu tinha sido corajosa em dizer não. Poucas pessoas teriam essa dignidade, garantiu. Guardei uma frase:

— Você me ajudou a enfrentar a verdade.

Nunca mais nos encontramos.

Menos de dois anos depois, poucos dias após sua morte, me chegou um dos primeiros exemplares do livro, recém-publicado, com sua dedicatória em letra trêmula. Lindo título, *A hora da estrela*. Uma obra-prima.

Li e reli. De vez em quando tive a sensação de encontrar algumas das passagens que tinha visto nos papéis soltos ou ouvido na leitura de sua voz. Aos poucos, claramente fui me deparando com alguns dos fragmentos. Só que não eram mais fragmentos. Era uma obra fluente, perfeitamente estruturada, com tudo harmoniosamente disposto, acabado, reinventado. Até as informações soltas, do tipo almanaque, se haviam convertido em indícios indispensáveis sobre a protagonista, na reiteração de sua solidão só quebrada por frases avulsas da Rádio Relógio, fundamentais para Macabéa encher o tempo de seu isolamento e ter assuntos variados para conversar com o namorado. Tudo perfeitamente contextualizado, bem amarrado. Perfeito, admirável, dava vontade de aplaudir de pé.

E nem ao menos eu podia conversar com ela agora sobre isso, confirmar como valera a pena ter confiança em sua força criativa. Chegando-me dessa maneira, com a marca de sua caligrafia, logo depois de sua morte, o texto era um testemunho da reinvenção e do emocionante poder artístico de Clarice.

Como afirma o narrador do livro, em um talvez possível fragmento que me assombra ao mesclar morte e escrita, e que nem lembro mais se vi na mão da autora, pulando de dentro da caixa na penumbra daquele fim de tarde, ou se apenas passou a constituir parte de uma obra-prima:

> Escrevo por não ter nada a fazer no mundo: sobrei e não há lugar para mim na terra dos homens. Escrevo porque sou um desesperado e estou cansado, não suporto mais a rotina de me ser e se não fosse a sempre novidade que é escrever, eu me morreria simbolicamente todos os dias. Mas preparado estou para sair discretamente pela saída da porta dos fundos.

Memória e sensualidade: gestos de vida na narrativa de Ana Maria Machado

Antonio Maura
Instituto Cervantes do Rio de Janeiro

A recente edição em inglês (novembro de 2020) do romance *Tropical sol da liberdade* (1988) – com o título *Freedom Sun in the Tropics* e tradução de Renata Wassermann – nos permite constatar a atualidade de Ana Maria Machado e sua crescente projeção internacional. A escritora brasileira obteve numerosos e significativos prêmios, dentre os quais o prestigioso Hans Christian Andersen (2000), conferido à totalidade de sua produção para crianças e jovens, e o Machado de Assis (2001) da Academia Brasileira de Letras, pelo conjunto de sua obra. Ana Maria Machado é membro dessa prestigiosa Academia desde 2003 e foi sua presidenta nos anos de 2012 e 2013. Esses apontamentos biográficos, que poderiam ser ampliados até esgotar o espaço destas páginas, podem dar uma ideia do prestígio de uma escritora que experimentou todos os gêneros literários, como o romance, o ensaio, a crônica, o relato infantil e o teatro. Parece não existir um território em que a palavra escrita tenha relevância que não tenha sido palmilhado pela autora.

No entanto, ainda que sua produção seja muito extensa, gostaria de me concentrar aqui em alguns aspectos de sua narrativa para adultos. Ana Maria Machado publicou, até o momento, dez romances, nos quais, graças à sua versatilidade, aborda desde os amores românticos de duas grandes personalidades da história brasileira do século XIX (em *Um mapa todo seu*, de 2015) até o enfrentamento narrativo da tremenda repressão política que o Brasil sofreu nas décadas de 1960 e 1970, como aparece em *Tropical sol da liberdade*.

Nesse romance, descreve-se a profunda crise da protagonista Lena, que enfrenta uma reconstrução pessoal depois de seu regresso do exílio em Paris e de reencontrar seu país natal, onde parecem ter sido suplantados o sofrimento e a morte de tanta gente que lutou pela liberdade nos tempos de repressão, sobretudo a partir do Ato Institucional n. 5 (AI-5), de dezembro de 1968.

Na volta de Paris, Lena se refugia numa casa de janelas amplas com um terraço à beira-mar. Ali, perto da mãe, tentará se recuperar de uma doença que, como muito rapidamente descobriremos, tem fundo emocional. Inicialmente, Lena se queixa de uma contusão no dedão do pé e, mais tarde, diz padecer de uma arritmia neurológica que afeta sua capacidade motora. Mas seu mal é muito mais profundo, vem dos tempos do exílio e da ditadura brasileira. Essa personagem feminina torna-se o símbolo de um país que tem de voltar a se inventar, que precisará assumir seus traumas e seu sofrimento; que deve, definitivamente, aprender a caminhar de novo. De fato, não só a personagem é um símbolo, como também o é a própria casa em que está hospedada: "[...] a casa era sólida [...]. Porque fora plantada no chão, no meio do milharal, amadurecida pelo sol, atravessada pelo vento, em cima dos ecos petrificados do Oceano Atlântico de tanta história" (Machado, 2008b: 18).

Lena e seu país, o Brasil, estão atormentados por um passado recente e precisam reiniciar sua caminhada histórica, em que a liberdade seja a única atmosfera possível para respirar. Para isso, a protagonista do romance se vê obrigada a recordar, porque é justamente graças à memória que ela pode chegar a compreender o que aconteceu e assim será capaz de retomar a vida. Tem de recuperar a memória daquelas pessoas que lutaram em diferentes frentes contra a ditadura e a favor da democracia. O primeiro, e talvez o mais próximo dos combatentes, é seu irmão Marcelo, um jovem idealista que se envolveu na luta armada e que chegou até a fazer parte do grupo que sequestrou o embaixador estadunidense em setembro de 1969. O jornalista Fernando Gabeira, que fez parte do grupo que sequestrou o embaixador Charles Elbrick, relata esse episódio em seu livro *O que é isso, companheiro?* (1979). Talvez a figura de Marcelo possa lembrar a do próprio Gabeira, e aqui teríamos uma transposição histórica, entre as muitas do romance. Os personagens e fatos reais emergem assim da narração, *mutatis mutandis.*

Estão também presentes, entre outras personagens, o artista plástico Luiz Cesário e sua mulher Carlota, que desenvolverão toda uma teoria da pintura e da vida – não devemos nos esquecer que Ana Maria Machado também pratica essa expressão artística –, e o combatente clandestino Honório, que será quem a incentivará a contar a história da resistência e do exílio.

No relato de Lena se misturam também os diferentes episódios da luta estudantil, de seu trabalho num jornal que precisa driblar a censura, do apoio dado a seu irmão, de seu exílio na França, de sua tentativa de escrever uma peça de teatro, de suas dificuldades financeiras, da perda do filho que estava por nascer... E as recordações se somam àquelas de sua mãe, que também se vê compelida a se lembrar do passado:

> Como a água mina da fonte. Para chegar a cumprir seu caminho e se dissolver na imensidão verde do mar, primeiro era preciso que a terra drenasse seu lençol d'água. A memória tinha coisas parecidas. E havia momentos em que era indispensável recordar. (Machado, 2008b: 282)

As referências à memória são numerosas ao longo do romance, pois é ela que desvela a realidade e, por seu lado, permite que as feridas, que ainda sangram, cicatrizem. Em suma, é a memória que dá sentido ao relato que, por vezes, é similar a um castigo físico, a uma forma de espancamento: "Não deixava de ser uma surra, pensou. Moída de pancada pela memória" (Machado, 2008b: 288). E também uma imposição: "Lembrança não tem jeito [...] não se manda na memória, ela é que manda na gente" (Machado, 2008b: 316-317).

Tropical sol da liberdade é um dos poucos romances brasileiros que, com intensidade e profundidade, trataram do tema da repressão exercida pela ditadura de forma explícita, com descrições de uma crueza extraordinária. Também narra o exílio graças aos testemunhos de pessoas que o sofreram, como a personagem Anna, cujo nome originalmente era Sebastiana: Anna se casa com um alemão e refaz sua vida, mas não consegue se esquecer de sua terra natal. E também Raimundo, que, após realizar todo tipo de trabalho para sobreviver, volta clandestinamente ao Brasil e termina morrendo de forma violenta no interior de Pernambuco. E ainda Antônio, que se instala na cidade francesa como correspondente do jornal para o qual trabalhava. Adalberto, um cientista que decide permanecer na Europa, pois só lá pode desenvolver seu trabalho de maneira eficaz. E Paulo, que vende amendoim torrado pelas ruas parisienses e não deixa de pensar em regressar ao lugar onde nasceu. Todos eles, com suas histórias pessoais, devem corresponder, com quase total certeza, a personagens reais que a jornalista Ana Maria Machado, que também viveu seu exílio em Paris, entrevistou ou conheceu. À história dessas personagens deve ter se somado uma boa quantidade de histórias de personagens do âmbito latino-americano com os quais, sem dúvida, a escritora conviveu no exílio.

Surpreende a grande quantidade de recursos dos quais a autora se serve para urdir seu romance, como o uso da crônica e da notícia de jornal, a epistolografia e também uma peça de teatro, que acompanha o relato e aprofunda o significado dos acontecimentos descritos, mostrando o ambiente claustrofóbico em que suas personagens habitam. Ainda que se mantenha sempre dentro dos limites da ficção pura, o romance carrega um inegável sedimento autobiográfico. Os fatos narrados foram também vividos, como revelam a expressividade e a exatidão dos detalhes, ao mesmo tempo que são mostrados uma filosofia de vida e um afã de constituir-se como criadora, como fica plasmado na personalidade do pintor Luiz Cesário, que chega a enunciar com precisão: "Artista só consegue criar porque antes aprende a perceber, a ver, ouvir, cheirar, pegar, sentir o espaço, mergulhar no tempo" (Machado, 2008b: 178).

Essa explicação de como deve proceder um artista plástico ou literário define também uma filosofia à qual Ana Maria Machado mostra-se fiel. Em seus livros, consequentemente, os alimentos, as paisagens, os frutos e as florestas brasileiras, as ruas parisienses ou londrinas, os estilhaços de beleza imbricados com a miséria do Rio de Janeiro, com sua espetacular baía, são saboreados, sentidos, cheirados, contemplados... Até a própria memória tem a espessura de um coalho de queijo:

> Também na memória tem um coalho que estanca o fluxo. E Lena sabia que, se conseguisse trabalhar e temperar bem essa coalhada de lembranças trazidas de novo ao coração, recordadas, se pudesse peneirar direito, separar o soro da massa, e esperar a fermentação e a maturação, talvez conseguisse um bom queijo... Deixar vir as lembranças, peneirar, separar, implicava necessariamente sentir dor de novo. (Machado, 2008b: 136-137)

Tropical sol da liberdade é, portanto, uma narrativa da memória e da luta de um ser humano, uma mulher, para superar o passado e seguir vivendo, porque a vida é semelhante a um fruto maduro que se pode saborear, cheirar e tocar, como o corpo de um amante. Lena, como outras protagonistas dos romances de Ana Maria Machado, desdobra todos os seus sentidos e se entrega com plenitude à sua própria vida, ainda que esta se mostre dolorosa ou intrincada.

Se Lena é uma mulher dividida entre um passado desolador e um presente que terá de enfrentar com firmeza, pois o coração tem de continuar batendo, Liana, protagonista de *O mar nunca transborda*, se verá obrigada a reconstruir o passado e a história de uma casa e de uma paisagem que se perderam para sempre.

Nesse último romance, não sentiremos a angústia e a separação sofridas pela protagonista de *Tropical sol da liberdade*, ainda que Liana se veja também distante de seu país, trabalhando como correspondente de um jornal em Londres. A protagonista recorda esse lugar idílico que é Manguezal dos Reis Magos, terra que costumava frequentar na infância em companhia de seus pais e avós. São "lembranças de outros tempos, um baú de tesouros desenterrado junto a um pé de guriri numa praia de Manguezal" (Machado, 2008a: 19).

As lembranças desse lugar, no entanto, estão pejadas de história, uma história que parece ter sido guardada no baú da memória coletiva, como explica Liana. Não há documentos, não há biografias nem livros, somente histórias que viajam no tempo, que são contadas de pais para filhos ao longo de gerações. Desde o primeiro navio português que chegou à costa e cujo capitão decidiu deixar em terra dois de seus marinheiros – um tocador de gaita e um carpinteiro – com a finalidade de construírem um pequeno entreposto de pau-brasil. Mas o capitão que os encarregou dessa tarefa e prometeu regressar não o fez nunca. Nuno, o carpinteiro, transbordante de saudades de sua terra natal e aproveitando a escala que outro navio fez naquela costa, não tardou em partir. Por sua vez, Gonçalo, o tocador de gaita, descobriu o seu lar naquela terra de mangues e arrecifes, de ares aprazíveis e frutas tropicais, de caça e pesca abundantes, de mulheres afetuosas muito mais sedutoras que as ásperas portuguesas. Foi ele que acabou por fundar uma dinastia mestiça que chegou aos nossos dias, até os devaneios de Liana.

A narrativa está construída como uma casa com um telhado de duas águas, com duas vertentes. Uma delas conta as jornadas da jovem jornalista, seus afãs e sua luta para se autoafirmar na redação do jornal, sua enorme capacidade para gozar os prazeres da vida:

a entrega amorosa a um jovem fotógrafo negro, os passeios pelas margens do Tâmisa, a degustação de alimentos e pratos que cozinha e saboreia com o maior deleite. A outra vertente é justamente a que oferece o desenvolvimento dos acontecimentos desde a chegada de Gonçalo ao manguezal, tal como fora transmitida pelas diferentes gerações – uma história com "h" minúsculo, que Miguel de Unamuno havia denominado "intra-história" – e que não é senão a existência das coletividades humanas: o sedimento da vida.

Nessa vertente do romance encontraremos lendas, paixões incontroláveis, cenas enternecedoras, descrições inesquecíveis. E isso é precisamente a "intra-história": a vivência das gentes e do tempo, que deixou seu rastro em nossa carne. O Manguezal dos Reis Magos guarda a memória da chegada dos primeiros jesuítas, do padre José como um dos grandes defensores dos indígenas contra os colonos escravagistas, dos filhos, netos e bisnetos daquele lendário Gonçalo, de Marianita, a jovenzinha grávida que apareceu no manguezal e que seria acolhida por aquela comunidade mestiça. Marianita se torna um símbolo, pois, tendo a pele branca e os cabelos loiros, dá à luz um filho de um negro escravizado e acaba por amamentar o bebê e um menino indígena, cuja mãe morrera no parto. Tão expressiva é essa cena que o padre jesuíta, que cuida da missão, chega a pensar que "gostaria de ver pintado, qual alegoria da própria colônia: madona loura a se repartir entre um curumim da terra e um molecote africano" (Machado, 2008a: 99).

É Marianita, a guerreira e matriarca, quem dirige a defesa da pequena aldeia frente à chegada dos holandeses, que queriam apoderar-se daquela parte da costa. Ela o fará jogando nos invasores, desde o alto das casas, o conteúdo de vasilhas cheias de água fervendo, dejetos e pedras lavradas destinadas à construção da igreja. À valentia e bravura de Marianita, que morre defendendo sua descendência dos capitães do mato, teríamos de somar aquela de Danda, a escravizada fugitiva que se esconde no matagal que cerca a aldeia. Danda é a dona das histórias "de bichos e almas de outro mundo, de sobas e feiticeiros, de deuses e estrelas" (Machado, 2008a: 147), histórias nas quais se juntam todas as tradições orais, as provenientes da África e do Brasil, dos quilombos com Zumbi dos Palmares na dianteira. Também se poderia destacar o formoso retrato da menina que aparece numa praia e cuja origem ninguém conhece, uma criança que parece ter sido gerada pelo mar e a quem chamaram Maria do Mar, ou Dumar. Ela surpreende tanto seus familiares quanto todos os habitantes da aldeia pela sabedoria de suas previsões e observações. O relato das façanhas dessas três mulheres, transmitido oralmente, tem um aroma épico. São, nesse sentido, três personagens míticas, herdeiras das tradições africana e grega, que tantas similaridades têm, como já destacaram alguns críticos, tanto em seus relatos como na configuração de seus deuses ou orixás. Marianita, Danda e Dumar são mulheres lendárias, valentes, mães fecundas de extensa estirpe, matronas e matriarcas, que amam como quem celebra, comem como quem reza e preparam seus alimentos como quem oficia um culto.

A poderosa força dessas mulheres se reflete indubitavelmente na personalidade de Liana, a protagonista do romance, que luta por manter esse lugar no qual se assentou seu bisavô. Herdeira das histórias que emergem da terra fértil do manguezal, Liana é habitada tanto pelo passado quanto por um presente cheio de sensações e de exuberância de vida.

Em *O mar nunca transborda* se mesclam, portanto, a épica com a vida cotidiana, o passado anônimo, "intra-história", engrandecida pela narração heroica com o presente: a memória, com todas suas ressonâncias filosóficas, com a atualidade.

Também em *Palavra de honra*, Ana Maria Machado volta a explorar os sendeiros intrincados da memória. O romance é a história de uma brasileira, Letícia, jovem bióloga e psicóloga que decide escrever a longa história de sua família. A biografia familiar remonta ao velho Almada, que se retirou do mundo aos 60 anos para viver em companhia de suas memórias de quando era o menino José, ali, em seu Portugal natal, onde sonhava em viajar ao Brasil para fazer fortuna. A jovem Letícia pertence a essa longa descendência e está empenhada em recuperar do "baú das memórias" essas histórias que a constituem como ser humano, tão solidamente quanto os fatos de sua própria vida. Letícia submerge nas águas da "intra-história", essa história formada de memórias que logo se convertem em relatos, ou lendas, até que alguém se atreva a trasladá-las ao papel para que não se percam nas imensuráveis águas do esquecimento, do tempo sem memória. Para isso, a presumida escritora, que poderia muito bem ser a autora do relato, se apoia nos textos de uma tia-avó que aparece de surpresa na vida da protagonista e na de sua família. São seus relatos que avivam as memórias das diferentes gerações dos Almada. O mesmo José, patriarca da estirpe, descobre na memória sua própria imensidão, pois "[...] transcendia a si mesmo e ao mesmo tempo se descobria parte de algo muito maior. Quase como a terra, cuja fecundidade vence a morte ao se alimentar de detritos mortos para gerar novas vidas" (Machado, 2005: 96). Seria possível analisar essa capacidade de totalidade da memória à luz da filosofia de Henri Bergson ou da narrativa de Marcel Proust.

Em outras ocasiões, a autora adentrou diretamente o romance histórico, como sucede no romance *Um mapa todo seu*, no qual se narram as andanças amorosas de Joaquim Nabuco (Quincas) e da investidora Eufrásia Teixeira Leite (Zininha), ou também em *A audácia dessa mulher*, que descreve o aparecimento de Capitu, a célebre personagem machadiana de *Dom Casmurro*. Em todo caso, sempre é a memória o suporte dessas narrações, uma memória vivida ou imaginada que serve como suporte para a literatura como vida ou para a vida sentida como literatura.

A escritora brasileira foi aluna de Roland Barthes na École Pratique des Hautes Études. Barthes também orientou sua tese de doutorado sobre Guimarães Rosa, publicada posteriormente como o ensaio *Recado do nome* (1976). Esse ensaio é mais do que necessário para compreender os diferentes estratos, que são como placas na superfície narrativa num romance como *Grande Sertão: veredas*. As contribuições de Ana Maria Machado à leitura desse romance deveriam ser estudadas com mais atenção, pois a interpretação simbólica que a autora propõe da obra rosiana com base nos nomes de suas personagens confere a ela uma nova dimensão de caráter épico, mítico ou místico, segundo a escolha de chave de leitura que decidamos empreender.

Podemos também rastrear na obra de Ana Maria Machado as pegadas do autor de difícil classificação que foi Roland Barthes, e essas pegadas indeléveis estão associadas ao "saber com sabor", ao texto como expressão do prazer, à escrita como corpo ou, como diria o escritor francês: "meu próprio corpo (e não somente minhas ideias) pode *ajustar-se* às palavras; ser, de certo modo, criado por elas" (Barthes, 2003: 169). Existe na atitude narrativa de Ana Maria Machado uma presença física que as palavras apenas transportam como o faz a correnteza de um rio, palavras que erigem, como se de um edifício se tratasse, um corpo vivo. O que lemos, nós o sentimos na carne, como se essas formas verbais fossem apenas uma manifestação corporal, sensual.

Barthes continua se perguntando: "O texto tem uma forma humana, é uma figura, um anagrama do corpo?" (Barthes, 1980: 53). São palavras que serviriam muito bem para descrever a obra, os textos de Ana Maria Machado, que nos mostram essa sensação de gozo; tanto, no seu caso, no momento da escrita, quanto, no nosso, no momento da leitura: um deleite que se expressa nas cenas de sexo, na preparação das comidas e na consequente degustação dos alimentos e, por fim, na descrição de uma natureza luxuriosa. De tudo isso são numerosos os exemplos. Basta mencionar que uma das recordações que salvam a traumatizada Lena, em *Tropical sol da liberdade*, é justamente a da excursão que fez, ao lado do avô e dos tios, à plantação de cacau, atravessando riachinhos e espaços ocupados pela Mata Atlântica, descobrindo plantas e frutas; ou os pratos saborosos que Liana prepara em *O mar nunca transborda* para partilhar com seu companheiro Tito, com quem também aproveita os deleites eróticos aos quais as personagens femininas dos romances de Ana Maria Machado se entregam com fruição.

Não quero concluir meu texto sem mencionar, ainda que brevemente, a importante contribuição da escritora ao campo da literatura infantil. Entre seus numerosos trabalhos nesse âmbito há de se destacar especialmente um: *O cavaleiro do sonho*, sobre as aventuras e desventuras de Dom Quixote de la Mancha. Esse belo livro, que teve numerosas edições, está ilustrado com os magníficos desenhos que Candido Portinari fez a partir da obra cervantina quando o pintor já estava doente, com câncer. Trata-se, sem dúvida, de uma bela e importante contribuição à personagem mais universalmente conhecida da literatura em língua espanhola.

Ana Maria Machado é, definitivamente, uma das escritoras da atual narrativa de autoria feminina brasileira que ergueram a voz e a força de seu texto – como faz o *cavaleiro da triste figura* – contra as injustiças de um mundo onde tantos danos há para remediar e tantos são os erros para serem consertados.

Referências bibliográficas

BARTHES, Roland. *O prazer do texto*. Lisboa: Edições 70, 1980.

BARTHES, Roland. *Roland Barthes por Roland Barthes*. São Paulo: Estação Liberdade, 2003.

GABEIRA, Fernando. *O que é isso, companheiro?* Rio de Janeiro: Guanabara, 1988.

MACHADO, Ana Maria. *A audácia dessa mulher*. Rio de Janeiro: Alfaguara, 2011.

MACHADO, Ana Maria. *O cavaleiro do sonho*. São Paulo: Mercuryo Jovem, 2005.

MACHADO, Ana Maria. *O mar nunca transborda*. Rio de Janeiro: Nova Fronteira, 2008a.

MACHADO, Ana Maria. *Palavra de honra*. Rio de Janeiro: Nova Fronteira, 2005.

MACHADO, Ana Maria. *Tropical sol da liberdade*. Nova Fronteira: Rio de Janeiro, 2008b.

MACHADO, Ana Maria. *Um mapa todo seu*. Rio de Janeiro: Alfaguara, 2015.

História e ficção em *Tropical sol da liberdade*

Ascensión Rivas Hernández
Universidade de Salamanca

1 *Tropical sol da liberdade* e o romance histórico da pós-modernidade

A ditadura militar brasileira começou com o golpe de Estado contra o presidente João Goulart no dia 31 de março de 1964 e terminou em 1985, quando o Congresso Nacional aprovou a emenda constitucional que a abolia. A nova Constituição Federal, no entanto, só foi promulgada em 1988.[1] Em 1964, a economia do país estava combalida por sérios problemas de inflação, e a isso se somou o desejo dos partidos de direita de destituir Goulart do poder.

Na verdade, o presidente era visto com receio não apenas pelos moderados nacionais, mas também pelos Estados Unidos, que temiam uma virada excessiva do Brasil à esquerda e a possível instauração do comunismo. Esse temor era particularmente grave por se tratar do maior país do Cone Sul. O golpe foi apoiado por importantes meios de comunicação, como *O Globo* e *Jornal do Brasil*; por alguns setores da Igreja Católica; por grande parte do empresariado e pelos governadores de alguns estados influentes da federação, como São Paulo, Guanabara e Minas Gerais.

Com a ditadura, foram abolidos os partidos de esquerda e se estabeleceu uma férrea censura à imprensa, medidas que se intensificaram com o decorrer do tempo. Isso resultou na revogação da Constituição Federal e na promulgação do chamado "Ato Institucional n. 1", de 9 de abril de 1964, lei que impedia que o

---

1 Este trabalho foi escrito com o auxílio do GIR "ELBA" (Estudios de Literatura Brasileña Avanzados), que dirijo na Universidade de Salamanca.

presidente da República fosse eleito por voto popular e que limitava os direitos políticos, obrigando um elevado número de opositores a abandonar o Congresso. Tudo isso motivou o surgimento de grupos de resistência, sobretudo entre os estudantes e as associações de esquerda, contra os quais o governo agiu com dureza, em muitos casos de maneira heteróclita, utilizando a prisão indevida e a tortura (Castro, sem data). A repressão deu origem a sonoros protestos e a alguns dos episódios mais tristes da história recente do Brasil.

Tropical sol da liberdade, de Ana Maria Machado, recria o tempo da ditadura militar brasileira, detendo-se concretamente nos trágicos acontecimentos de 1968. Nesse ano, durante uma reunião estudantil que teve lugar no restaurante Calabouço, no Rio de Janeiro, a polícia matou um jovem, fato que provocou o aumento dos distúrbios e um recrudescimento da repressão. Machado narra aqueles dias não com o desejo de contar fielmente os fatos, como faria um cronista, mas a partir da ficção, mesclando eventos reais com circunstâncias e personagens criados para essa finalidade, unindo história e criação artística.

Sob uma perspectiva ampla, a obra pode ser considerada um romance histórico, subgênero surgido durante o Romantismo. Seus cultores originais, como Walter Scott, pretendiam expressar seu descontentamento com a época em que viviam. Com essa finalidade, ambientavam a narrativa em outros tempos, que acreditavam "mais bonitos, nobres e heroicos, localizados, quase sempre, numa Idade Média mais ou menos convencional" (Baquero Goyanes, 1998: 76). Como assinala Baquero Goyanes, até o final do século XIX os romances históricos eram ambientados em épocas distantes e misturavam fatos reais e ficcionais, priorizando o aspecto histórico e deixando-o prevalecer sobre os valores estéticos. Nas palavras de Valles (2002: 404), tratavam de "reconstruir um modo de vida pretérito e oferecê-lo como pretérito" e, como consequência disso, davam maior importância ao caráter documental ou informativo do que ao criativo e estético.

Na pós-modernidade, no entanto, o romance histórico viveu uma mudança de paradigma que Álamo Felices (2011: 85), baseando-se na opinão de Rodríguez Pequeño (2008: 147)[2], explica como uma transformação no modo tradicional de conceber a História, que passa a dar lugar a "um peculiar historicismo que destaca a insubstituível originalidade de cada momento temporal" (Rodríguez Pequeño, 2008: 147). A partir disso, conclui Álamo Felices (2011: 85), no romance histórico da pós-modernidade, o material histórico, "antes basilar, se torna secundário", e os elementos de caráter ficcional, como o ponto de vista da narrativa e a subjetividade do autor, entre outros, passam a ocupar o primeiro plano.

Nessa maneira de entender o gênero, a história ocupa a posição de pano de fundo, no qual as personagens se movem. São elas entes de ficção que vivenciam os acontecimentos reais, que imediatamente perdem seu relevo diante do ímpeto esmagador da criação artística. Encontramos exemplos de romance histórico pós-moderno em *Galíndez* (1990), de Manuel Vázquez Montalbán, *O homem que amava os cachorros* (2009), de Leonardo Padura, nas narrativas de Arturo Pérez-Reverte (Álamo Felices, 2011: 85) e em *Tropical sol da liberdade*, de Ana Maria Machado, obras que não são condicionadas pelos fatos tomados em bruto[3].

---

2   Nesta citação: "[A] História já não é considerada um projeto global, universal e unitário, comum e otimista, de reafirmação da consciência". (Rodríguez Pequeño, 2008: 147)

3   Algo semelhante ocorria, no entanto, em narrativas anteriores cuja finalidade era a de plasmar um determinado ambiente. De fato, alguns autores que cultivaram o gênero, como Pío Baroja, creem que o romance histórico está mais apto a mostrar a atmosfera social precisamente porque não se exige dele uma fidelidade absoluta à história. Assim, ele aponta a ideia em seu ensaio "La objetividad de la Historia": "É mais exato o bom romance para refletir um meio social do que o livro histórico excelente. No romance, já se sabe que tudo conduz a uma finalidade estética e, levando em consideração esse ponto de vista, há no livro romanesco exatidão e verdade" (1949: 957).

Partindo do conceito pós-moderno de romance histórico, Ana Maria Machado recupera como pano de fundo de sua narrativa a época na qual milhares de jovens se opuseram ao regime ditatorial do presidente Costa e Silva numa luta clandestina que abriu feridas profundas na sociedade brasileira. Para isso, a autora centra o conteúdo numa figura feminina – Lena –, que atravessa uma difícil circunstância pessoal causada, em grande parte, pelos acontecimentos históricos. O romance relata a experiência de vida da personagem, ao longo da qual se desembaralha a realidade política.

A narrativa se inicia com o retorno da personagem à casa familiar depois de um longo período de fracassos e desamores em diversos âmbitos da vida. Com seu retorno, Lena pretende se recuperar de uma lesão física – a fratura de um dedo do pé – que não parece ter grande importância; ela busca sobretudo curar as aflições da alma, que começaram com seu exílio durante a ditadura. A isso se somam uma complexa relação com a mãe e uma grave crise conjugal. Como diz o narrador: "[...] era apenas uma mulher machucada que precisava se fechar numa toca e ficar passando a língua nas feridas até cicatrizarem" (Machado, 2008: 12).

Mas Machado não se limita a adotar um único e específico ponto de vista para relatar os fatos históricos. Para transformar a história em um cenário que mantenha seu significado, a escritora se serve de outros recursos; o primeiro, de caráter técnico – contrapor a realidade à ficção num jogo de caráter metaficcional; o segundo, vinculado ao conteúdo – dotar de valor simbólico certos elementos do texto –, como tratarei de mostrar a seguir.

2 O jogo metaficcional

Uma das chaves do romance se encontra nas relações que Ana Maria Machado estabelece entre a realidade e a ficção, fundamentais para o conteúdo e o gênero no qual a obra se encaixa. Lena é jornalista, mas, depois do exílio, sente a necessidade de narrar os acontecimentos não com fidelidade aos fatos, mas sob um ponto de vista artístico. A ideia surge numa conversa com Honório, que lhe propõe relatar sua história a partir de suas memórias pessoais, o que a leva a refletir sobre a realidade e sua relação com a ficção.

O diálogo entre os dois aparece no início, no capítulo II, e assume um caráter metaficcional. Além disso, mostra-se toda uma declaração de intenções sobre o texto que o leitor tem em mãos e sobre o modo como deve ser interpretado. Para Lena, e para o autor implícito que está com ela, interessa contar a verdade dos acontecimentos históricos da maneira mais fiel possível. Mas a personagem considera a possibilidade de que, na realidade do país, haja interesses espúrios que permitam que a mentira se imiscua no relato, antecipando o conceito de pós-verdade[4]. Por isso Lena se refere à enorme dificuldade de narrar, com realismo e honradez, uma circunstância tão complexa quanto a ditadura brasileira. Depois de rechaçar recorrer à pós-verdade[5] e manifestar sua escassa fé no gênero memorialístico, Lena escolhe relatar os fatos numa obra de ficção narrativa, em que seja possível "misturar personagens, fundir situações, inventar coisas novas, cortar o que não interessa" (2008: 32-33). Não obstante, Honório alerta para a possibilidade de que o leitor ou a leitora do romance talvez o interprete na chave da realidade:

---

4   Ainda que o conceito não seja novo, o termo que o define o é e se tornou muito popular a partir da chegada de Donald Trump à Casa Branca e com o triunfo do Brexit na Inglaterra. "Pós-verdade" foi o termo do ano de 2016 para o *Oxford Dictionary*, e a Real Academia Española de la Lengua a incluiu em seu *Diccionario* em 2017, definindo-o como "distorção deliberada de uma realidade, que manipula crenças e emoções com a finalidade de influenciar a opinião pública e atitudes sociais".

5   É interessantíssimo assinalar a presença da pós-verdade no romance, conceito que talvez seja inerente a qualquer regime autoritário. No diálogo que Lena e Honório mantêm, coloca-se a possibilidade de contar coisas falsas sobre o que ocorreu, ao que a protagonista se opõe radicalmente.

> Você diz que é ficção e vai ficar todo mundo querendo descobrir a quem se referem os fatos, quem é o equivalente real de cada personagem. No fim, ainda vão te acusar de autobiográfica, confessional, sei lá, esses pecados de romancista. Ainda acho melhor você partir para ser jornalisticamente objetiva e contar o que você viu e viveu. (2008: 33)

Fiel a seu conceito pós-moderno de *romance histórico*, Machado faz com que a intenção de sua personagem seja contar os fatos tais como os vivenciou. Não se trata, portanto, de mostrar a situação histórica em bruto, e sim de referir o que Miguel de Unamuno denominava *intra-história*, quer dizer, a história interior segundo a viveram pessoas concretas. O mesmo narrador alude a isso quando põe em discurso indireto uma intervenção de Honório na qual cita a letra de um conhecido samba: "A dor da gente não sai no jornal" (2008: 35), em referência à aflição dos seres anônimos que nunca serão protagonistas das crônicas. Sobre isso, Lena quer falar em seu texto hipotético. Ademais, a protagonista não pretende contar a parte mais cruenta dos fatos – o encarceramento e a tortura dos opositores ao regime, que ela não experimentou –, tendo vivido o que ela mesma denomina "a periferia", esse espaço à margem onde estavam as pessoas de apoio, como lhe diz Honório:

> Sente na frente da máquina e comece a contar. Da turma que estava no olho do rodamoinho, no vértice do furacão, já teve muita gente contando, dando depoimento. Conta o teu lado, Lena. Isso que você está chamando de visão da periferia. Em que medida uma ação que você não escolheu afetou a sua vida? (2008: 34)

A ausência de cenas de violência explícita é, para estudiosos como Umbach e Vargas (2013: 269), a razão pela qual o romance de Machado não costuma ser citado quando se fala em literatura da repressão, ainda que, como afirma o personagem Honório, que viveu os acontecimentos no olho do furacão, se tratasse de um ponto de vista novo, como a autora indubitavelmente sabe. Essa perspectiva, ademais, permite-lhe contar os fatos que conhece porque os viveu em primeira pessoa, como afirma numa entrevista[6]. Desse modo, o texto se reveste de um conteúdo autobiográfico interessante, que dá origem a um perspectivismo claramente metaficcional, porque o romance que o leitor tem em mãos contém, ao mesmo tempo, uma peça teatral sendo escrita, cuja autora-personagem é a protagonista[7] e na qual se contam fatos reais que aconteceram tanto com a personagem feminina quanto com a autora real da obra.

Na sequência, o narrador e o autor implícito aportam uma importante chave de leitura ao assinalar que o propósito de Lena não seria tanto o de contar algo completamente inventado ("E sentia também

---

6   Na verdade, numa entrevista publicada no *Diário de Notícias*, a própria Ana Maria Machado conta sua experiência, que coincide com alguns fatos relatados no romance: "Eu era professora universitária e os professores que eram mais críticos foram diretamente atingidos. Por outro lado, meu irmão Franklin Martins participou do sequestro do embaixador, Charles Burke Elbrick, e usou meu carro. Fui presa no mesmo dia. Naquela época, estava casada com um médico que tinha ganhado uma bolsa de estudos para estudar na Europa. Tínhamos um filho de um ano. Em vez de esperar a bolsa, que seria na Inglaterra, resolvemos passar pela França. Lá conseguimos entrar na universidade. E fomos adiando a ida para a Inglaterra... Foi um período muito duro, de desraizamento, crise de identidade. Falo muito disso em outro livro, *Tropical sol da liberdade* [...]. O romance tem vários elementos autobiográficos e da experiência de outras pessoas". (Recolhido por Da Silva, 2008: 266)

7   Não há dúvidas de que Lena é a protagonista da obra teatral que está escrevendo em *Tropical sol da liberdade*. O narrador o afirma sem rodeios quando mostra o pensamento de Amália, mãe de Lena, que, depois de ler fragmentos do drama, comenta consigo mesma os fatos reais nos quais o texto foi baseado: "Amália achou engraçado ler aquilo. Conhecia bem a história. De certo modo até tinha participado, foi ela quem fez a remessa bancária para a filha no exterior" (2008: 225). Um pouco mais adiante, Amália assinala que os nomes dos personagens não correspondem aos nomes das pessoas reais que ali estão representadas, ainda que não seja capaz de recordá-los: "E ela lembrava bem a história, só que tinha certeza de que o rapaz não se chamava Tiago, não, era um outro nome, ela não lembrava mais" (2008: 225).

que ficção não tinha nada a ver com isso, podia ser uma coisa inventada ou acontecida"), mas antes "botar para fora alguma coisa, [...] traduzir com palavras o olho do furacão íntimo de quem escreve, de permitir que a linguagem fosse mais importante que os fatos do enredo" (2008: 35). Portanto, trata-se de narrar o que aconteceu com Lena (e também com Machado) e, nesse sentido, sua escrita teria um caráter catártico (com isso trataria de exorcizar o passado atroz) e não buscaria ser absolutamente fiel aos fatos históricos, como diz a personagem, e sim, a partir do exercício da ficção, recolher o espírito dos acontecimentos[8]. Ademais, dada sua complexa estrutura, seus elementos simbólicos, sua linguagem cuidada e seu componente metanarrativo, o romance se afasta daqueles que buscam a exatidão do dado documental e ignoram o componente estético (Pellegrini, 1996: 26).

Em *Tropical sol da liberdade*, Machado joga deliberadamente com a ambiguidade ao aludir, de passagem, ao gênero do texto que Lena está pensando em escrever. Em algumas ocasiões poderia parecer que se trata de um romance, embora, no final, a protagonista escreva uma peça de teatro. Esse equívoco, consciente, produz um jogo de espelhos no qual Lena representa a própria Ana Maria Machado, que, como sua protagonista, viveu a repressão e o exílio. O texto adquire, dessa maneira, tintas autobiográficas. Machado se mira em sua personagem feminina, que escreve uma peça teatral sobre os fatos históricos e, ao mesmo tempo, compõe o romance que contém essa personagem e a sua obra. Assim, o texto narrativo, no fundo, trata da dor inflingida pela ditadura sobre sua protagonista: Lena utiliza a escrita com uma finalidade catártica. Nesse sentido, o romance de Machado responde a questionamentos metaficcionais, porque nele se encontram reflexões

---

8   Esta não é apenas a pretensão de Lena quando escreve sua peça teatral, mas também a de Ana Maria Machado ao compor o romance.

tanto sobre a literatura quanto sobre o texto que o leitor tem em mãos. Embora o mais importante seja que, por meio dessa técnica especular, a autora pretenda contar a realidade sem que a história do país apareça em primeiro plano – como acontece no romance histórico da pós-modernidade –, ela também conta sua própria experiência durante a ditadura de forma indireta, fingindo que é sua personagem que viveu os fatos.

Por outro lado, na narrativa de Machado, como sabemos, os acontecimentos que dizem respeito à ditadura constituem somente uma das causas do mal-estar psicológico de Lena. A isso se somam a crise no casamento e, em menor medida, seus males físicos e a relação com a mãe. Ou seja, na obra, os fatos históricos não têm relevância exclusiva. Nesse nível do texto, a figura de Lena é privilegiada, e o tom é essencialmente intimista. Eis o motivo pelo qual Machado, dentro da história protagonizada por Lena, cria a ficção de que sua personagem feminina está escrevendo um drama sobre a repressão da ditadura. A justificativa para isso, como já assinalamos, está no valor catártico que a escrita tem para a personagem, o mesmo que tem para a autora.

No romance, além disso, o leitor assiste à elaboração da escrita teatral com reflexões de sua autora – Lena – sobre o modo de resolver problemas técnicos e de conteúdo da obra, o que contribui para o nível metaficcional do texto. Menciona-se a necessidade de recorrer a artifícios para resolver certas questões, como a inclusão de personagens infantis (dada a dificuldade de encontrar crianças que consigam estar em cena por muito tempo [2008: 120]); a imprescindível coerência de tom (2008: 120); e a inevitável evolução verossímil dos protagonistas (2008: 121). Discute-se até a viabilidade de desenvolver diferentes cenas ou a importância de priorizar a ação em relação às palavras (2008: 126).

História e ficção em *Tropical sol da liberdade*   51

3 Os elementos simbólicos

Outro recurso que Machado utiliza para introduzir o elemento ficcional em *Tropical sol da liberdade* é o de carregar o texto de elementos simbólicos que sublimam o valor da história, elevando o caso do âmbito particular para o geral. Dessa maneira, um romance que se ambienta num lugar e num tempo determinados e que narra a circunstância íntima e emocional de uma mulher concreta ganha um sentido universal e transcende o tempo e o espaço concretos. Assim, além de dar resposta à situação dolorosa que provocou a repressão no Brasil durante a ditadura, o texto acolhe significados mais profundos sobre a origem, as relações mãe-filha, a pátria, a dor, a criação e o valor catártico da escrita.

No texto aparecem certos elementos simbólicos como a casa, a amendoeira, o sol, a mãe (e o desejo de ser mãe), a escrita e a doença. Todos esses elementos estão interligados, de modo que estabelecem uma rede de significados que, por sua natureza e relações, tornam mais complexa a fruição do texto. Lena, a protagonista, está no centro dessa rede, já que esses componentes remetem a ela ou a ela se vinculam. Nesse sentido, os motivos apontados se unem ao conteúdo histórico como coadjuvantes do romance, sublinhando e reforçando as ações e as personagens.

3.1 A casa

No texto, a casa é o espaço simbólico por excelência e representa o refúgio que a protagonista busca para se recuperar de sua difícil situação, com a intenção de encontrar seu lugar no mundo. Esse significado se aproxima da concepção que oferece Biedermann em seu *Dicionário dos símbolos* (2013: 93), segundo a qual é "símbolo do próprio ser humano que encontrou seu lugar duradouro no cosmo".

Como sabemos, Lena deixou seu trabalho no jornal para se dedicar a escrever uma peça teatral sobre o exílio no mesmo momento em que fratura um dedo do pé e seu marido a está deixando por outra mulher. Nessa circunstância, decide voltar para a casa de sua infância, um lugar no qual viveu feliz, para recuperar as certezas perdidas e seu ancoramento vital. De fato, a memória de seu avô e a segurança que sempre emanou de sua figura serão fundamentais para que Lena recobre a autoestima.

Ademais, a casa também representa o espaço da mãe, conforme apontado pela psicologia freudiana (Biedermann, 2013: 93), de modo que Lena regressa a esse lugar, que igualmente simboliza a segurança maternal e o apoio incondicional e generoso:

> Estava machucada, doente, em casa da mãe, ouvindo o tique-taque do velho relógio do avô na parede, com seu carrilhão que a cada quarto de hora trazia de volta a música da infância atemporal. Estava em casa. Da mãe. Ao mesmo tempo um lugar tão seu e tão sem lugar para si mesma, pensava Lena. Ainda mais agora, encruzilhada tão sensível, tendo largado o jornal para trabalhar na obra, botando ela mesma a argamassa em cada tijolo, de cada parede, de sua morada de palavras [...]. (2008: 43-44)

3.2 A amendoeira

Em relação direta com a casa está a amendoeira próxima a ela. Trata-se de uma árvore ornamental de grande envergadura, muito comum no Brasil, que no texto é um baluarte do espaço que representa a pátria. A amendoeira é, ademais, o alfa e o ômega da história, pois abre e fecha o romance. Se no primeiro capítulo se descreve o valor totêmico que a árvore tem para Lena, nas linhas finais, Amália – a mãe – descobre que o cabelo da filha está cheio de suas flores e, quando diz isso a ela, Lena, já com a confiança recuperada, responde: "Pode deixar, por dentro também está" (2008: 347). O sentido dessa resposta, que, sob qualquer ótica, é simbólica, deve ser buscado no início da obra, onde se explica que a amendoeira tem, quando no trópico, um ciclo particular e é capaz, apesar do clima, de se transformar, como se por ela passassem as quatro estações. Essa independência é algo que Lena anseia quando se encontra abatida pela enfermidade, da mesma forma que sente falta da força que emana da árvore, e isso é expressado pelo narrador por meio do discurso indireto livre, que inclui a protagonista: "Quem sabe, um dia, a mulher conseguiria aprender com a árvore a se livrar das folhas caducas de quando em quando e ir buscar lá dentro do peito a gana de nascer de novo para começar outro ciclo" (2008: 18).

3.3 O sol

O sol é também um motivo simbólico importante, sendo, junto com a casa, o mais significativo da obra. Aparece no título do romance, no lema geral que o abre e em muitos capítulos. E isso também acontece com o Hino Nacional brasileiro, citado no texto e de alguma forma presente no título: "E o sol da liberdade, em raios fúlgidos", reza o hino. "Brilhou de novo o sol da liberdade", diz a letra do samba-enredo da Salgueiro de 1946, que confirma o lema do romance. O sol é um elemento essencial para entender a paisagem latino-americana e está, no livro, vinculado à pátria e aos sinais de identidade brasileira. Aliás, como revela Lena num de seus escritos, quando crianças latino-americanas desenham uma paisagem, sempre colocam nela um sol colorido e sorridente, porque "não conseguem conceber um mundo sem sol. Mesmo quando nasceram no exílio" (2008: 171).

Na narrativa, o sol representa a fonte da vida, "uma força heroica e generosa, criadora e dirigente", como aponta Cirlot em seu *Dicionário de símbolos* (1997: 421). Lena o relaciona com situações altamente positivas, como o sexo ou a energia de que necessita para escrever e viver: "Mesmo sem clorofila, precisava do sol para transformar seus venenos em oxigênio respirável e botar para fora tudo o que fosse tóxico. E era sempre ao sol que ela se sentia crescer, expandir, se integrar no universo todo" (2008: 147).

3.4 A mãe

A mãe também é uma figura que reúne em si importantes valores simbólicos. Representa, como o sol, a origem da vida. É refúgio, como a casa, e o centro do núcleo familiar. Nas palavras de Biedermann (2013: 287), ela é o "grande símbolo da causa primitiva e do estado de segurança, [...] o símbolo da transmissão da vida para a própria personalidade". Por isso, quando Lena sente que sua vida se desequilibra, decide ir para a casa onde sabe que sua mãe a acolherá. Como diz o narrador no início do romance: "[...] lugar sabia que tinha sempre, enquanto a mãe lá estivesse" (2008: 11). De fato, a mãe tem um papel essencial na recuperação de Lena, como bem aponta Da Silva (2008: 271), que por outro lado vincula a relação conflituosa entre mãe e filha com a pátria, uma vez que, assim como Helena Maria se queixa de que sua mãe interfere em sua vida, violando sua intimidade, o poder político também se imiscuiu na vida de muitos cidadãos durante a ditadura.

A mãe, ademais, está vinculada aos acontecimentos históricos. Nesse sentido, representa a pátria, conforme indica o *Dicionário dos símbolos* de Biedermann (2013: 287); pátria que, na leitura machadiana, se converte em "mátria", pois representa a origem, e a origem é sempre feminina:

> Tudo vinha de dentro. Como os filos de seu útero. Maldição ou benção, sabe-se lá o quê. Mais mátria do que pátria, afinal, tudo parindo e sendo parido das mesmas entranhas. Como se o Brasil fosse ao mesmo tempo filho e mãe dela, mulher brotada das pernas abertas da história, e por sua vez concebendo o futuro do país dentro do ventre. Sequência fêmea e fértil, de dor, sangue e leite. (2008: 140)

Vinculado à mãe está o frustrado desejo de Lena de ter um filho. Durante o período do exílio, ela esteve grávida, mas perdeu o bebê, fato que se soma a outras situações negativas, como sua primera separação, o exílio e a dificuldade de escrever. "Não criar nem procriar" (2008: 44), resume com eficácia o narrador. No presente, a dificuldade para engravidar se conecta à fragilidade psicológica e emocional, que por sua vez se relaciona com seus problemas sentimentais, a medicação que toma para se recuperar, a dificuldade para escrever e a dor das recordações políticas. Em *Tropical sol da liberdade,* ocorre uma interação que perpassa todos esses elementos: interação entre as recordações de Lena e sua circunstância presente, ou seja, entre o passado histórico do Brasil e o desequilíbrio emocional da protagonista, mas também entre a efetiva realidade e a ficção criada para veicular essa realidade. No presente, um desânimo profundo se abate sobre Lena, que só é capaz de recordar momentos tristes, como se observa no fragmento a seguir:

> Aquele bebê que nunca chegara a viver, gestado sem recursos, perdido depois de meses em que cada dia ela tentou prolongar sua vida mais um pouquinho dentro de si, aquele filho sonhado e desaparecido, aquele vazio, nada mais disso ia ser preenchido um dia por uma criança que saísse de seu ventre, se aninhasse morninha e suave em seu colo, mamasse em seu seio, aquecesse seu coração... (2008: 210)

3.5 A escrita

A escrita também possui um valor simbólico no romance. Escrever é criar e, nesse sentido, se conecta com a maternidade, pois aquele que escreve cria (dá à luz) uma obra[9]. Mas, no momento presente, Lena é incapaz de compor um texto e de engravidar, e essa dupla impossibilidade interfere negativamente em seu precário estado anímico.

Nesse contexto, escrever significa recordar o passado, ainda que as recordações intensifiquem o desequilíbrio psicológico de Lena. Recordar supõe reviver um tempo amargo vinculado ao exílio, pois Lena não escreve sobre suas emoções presentes, e sim sobre a história e o impacto que ela teve em sua vida:

> Pegou um outro trecho já escrito para reler. Será que valia a pena voltar a cair para tentar salvar isso? Para ir mais fundo na dor? Para iluminar num palco os deserdados do exílio, de que ninguém se lembrava e ninguém quis saber? (2008: 326)

Curiosamente, apesar do impacto negativo das recordações, a escrita é o passo necessário para que a personagem assuma seu passado e o aceite e, nesse sentido, ela possui um claro valor catártico, como já se apontou.

3.6 A doença

Outro elemento simbólico do texto é a doença, que evidentemente tem um caráter negativo. O romance se inicia *in medias res*,

---

9   No fragmento seguinte, empregam-se termos que pertencem ao campo semântico da gestação e da perda do feto para fazer referência à escrita: "Até mesmo as palavras que iam ser a ponte, o paraquedas para o salto no escuro, já estavam lá dentro também, embriões de frases, expressões gestadas, floração germinando. Mas tudo ainda era potencial. E podia ser que não vivessem nunca, que ela estivesse mesmo condenada à esterilidade, a suportar que todo aquele universo interior mirrasse, definhando. Aborto. Ovo gorado". (2008: 127-128)

com a protagonista profundamente abalada física e emocionalmente, sentindo que seu futuro está cheio de limitações. A medicação que está tomando para aliviar os sintomas tem efeitos colaterais que desaconselham uma possível gravidez e que a fazem sentir-se ainda pior. Lena sofre de problemas de equilíbrio que, segundo seu médico, têm caráter neurológico, de modo que pode sentir enjoos e cair a qualquer momento. Além disso, se esquece de coisas cotidianas, chegando a se encontrar de repente na rua sem saber como saiu, por qual motivo e para onde se dirigia. E, como se fosse pouco, tem também dificuldades de comunicação, de modo que, por vezes, numa conversa normal, responde de maneira inconveniente, sem se dar conta do que está fazendo. Essas manifestações da enfermidade a fazem sentir-se enormemente insegura e vulnerável, ainda mais porque acredita que não tem com quem partilhá-las. Seu estado emocional é um torvelinho de ideias, dúvidas e temores, como mostra o narrador por meio do discurso indireto:

> Será que a doença era só uma somatização de todos os impedimentos e obstáculos que sabia e previa? Será que era medo, preguiça, cagaço? Ou era por causa da situação dela com Alonso? Lá vinha ela de novo com essa roda-viva. (2008: 46)

Lena tenta sair dessa situação de conflito e, para isso, precisa recuperar o passado, analisá-lo e conjurá-lo. Esse é o motivo pelo qual o texto recapitula a situação histórica e a protagonista escreve uma peça de teatro sobre o passado político. E é nesse contexto que se faz necessário avaliar o conteúdo catártico da escrita não somente para a personagem, mas para a própria Ana Maria Machado, pois, como dito anteriormente, ambas viveram os fatos que transparecem no texto, sendo Lena um *alter ego* da autora.

4 Considerações finais

A conclusão a que se pode chegar da leitura de *Tropical sol da liberdade* é múltipla, refletindo a complexidade do texto. Em primeiro lugar, trata-se de um romance histórico da pós-modernidade no qual a história não ocupa o primeiro plano. Pelo contrário, é uma espécie de baixo contínuo que cede o protagonismo aos personagens e a seu desenvolvimento narrativo. Assim, a obra ganha tintas intimistas e se centra na circunstância pessoal de uma mulher num momento difícil da vida. Para introduzir o elemento ficcional, a autora se serve fundamentalmente de dois recursos: por um lado está a reflexão metaliterária, que aporta interessantes chaves de leitura e que se enlaça com a componente autobiográfica do texto; e, por outro, o simbolismo de numerosos motivos que permitem ler o conteúdo num plano geral, conferindo à obra um valor superior, que o eleva sobre a situação histórica concreta, universalizando-o.

Referências bibliográficas

ÁLAMO FELICES, Francisco. *Los subgéneros novelescos (Teoría y modalidades narrativas)*. Almería: Editorial Universidad de Almería, 2011.

BAQUERO GOYANES, Mariano. *Qué es la romance, qué es el cuento.* Murcia: Servicio de Publicaciones de la Universidad de Murcia, 1998.

BAROJA, Pío. "La objetividad de la Historia". *In: Otros ensayos. Obras Completas VIII*. Madri: Biblioteca Nueva, 1949.

BIEDERMANN, Hans. *Diccionario de los símbolos*. Barcelona: Paidós, 2013.

CASTRO, Celso [s. f.]. *O golpe de 1964 e a instauração do regime militar.* Disponível em: http://cpdoc.fgv.br/producao/dossies/FatosImagens/Golpe1964. Acesso em: 7 jun. 2024.

CIRLOT, Juan Eduardo. *Diccionario de símbolos*. Madri: Siruela, 1997.

DA SILVA, Claudiomiro Vieira. "O passado reinventado em *Tropical sol da liberdade*". *In: Revista de Literatura, História e Memória*, v. 4, n. 4, 263-277, 2008.

KUSNIR, Beatriz. "Pelo viés da colaboração: a imprensa no pós-1964 sob outro prisma". *In: Projeto História*, São Paulo, n. 35, 27-38, dez. 2007.

MACHADO, Ana Maria. *Sol tropical de la libertad*. Madri: Alfaguara, 2013. [Ed. bras.: *Tropical sol da liberdade*. Rio de Janeiro: Nova Fronteira, 1988.]

PELEGRINI, Tânia. *Gavetas vazias: ficção e política nos anos 70*. São Carlos, SP: EdUFSCar – Mercado das Letras, 1996.

RAMÍREZ, Hernán [s. f.]. *Dossier. La dictadura cívico-militar brasileña: 1964-1984*. Disponível em: https://historiapolitica.com/dossiers/dossierbrasil/. Acesso em: 18 jun. 2024.

RIVAS, Ascensión. "Sol tropical de la libertad". *In: Cultural*, 8 nov. 2013. Disponível em: https://elcultural.com/Sol-tropical-de-la-libertad. Acesso em: 7 jun. 2024.

RODRÍGUEZ PEQUEÑO, Francisco Javier. *Géneros literarios y mundos posibles*. Madri: Eneida, 2008.

UMBACH, Rosani Úrsula Ketzer; DE VARGAS, Andrea Quilian. "Tropical sol da liberdade: Narrativa e resistência em tempos de barbárie". *In: Revista Literatura em Debate*, v. 7, n. 12, pp. 263-280, 2013.

VALLES CALATRAVA, José Rafael (Org.). *Diccionario de teoría de la narrativa*. Granada: Alhulia, 2002.

A (re)apresentação de Machado de Assis em Ana Maria Machado: a ousadia de trazer o clássico à modernidade

Cristiane Ferreira de Souza
Universidade Federal do Rio de Janeiro

1 Introdução

> *"É bom", murmurei, "falar com os outros."*
> *"Sim, mas só quando você fala e há alguém que*
> *responde."*
>
> Elena Ferrante, *A amiga genial*

Trataremos, neste breve estudo, de conceitos-chave trazidos a partir de reflexões introduzidas pelo Círculo de Bakhtin acerca, especialmente, do discurso, do dialogismo e da intertextualidade. De início, falaremos do dialogismo e da sua importância para a compreensão da própria gênese do texto literário, tomando como exemplo as obras tratadas neste trabalho: *Dom Casmurro*, de Machado de Assis, e *A audácia dessa mulher*, de Ana Maria Machado.

Em um segundo momento, trataremos do conceito de intertextualidade, introduzido por Julia Kristeva, cujo interesse também engloba o estudo de obras literárias. Aqui, buscaremos enfatizar não só o conceito, como também propor uma análise comparativa que envolva a relação existente entre a obra de Machado de Assis e a de Ana Maria Machado.

Ademais, é nosso objetivo mostrar como se deu o diálogo entre uma obra clássica da literatura brasileira e outra contemporânea, mostrando que se trata de textos independentes, mas que dialogam entre si.

A análise das obras contou com o auxílio de textos publicados em revistas e divulgados por fundações dedicadas a pesquisas literárias no Brasil e no exterior. A coleta de dados contou com o auxílio de exemplares da Casa de Rui Barbosa e da Biblioteca Nacional, além de sugestão de leitura indicada pela autora cuja obra serve de estudo para esta comunicação.

Cabe-nos, aqui, portanto, mostrar como o dialogismo e a intertextualidade mantêm-se presentes e enriquecem a literatura contemporânea na medida em que unem a figura do leitor à de um possível escritor. Dessa forma, estas páginas não são senão um estudo a respeito de temas que ousamos desvendar a respeito da literatura e da leitura dos clássicos hoje. Esse é um dos benefícios que podemos apreender do romance de Ana Maria Machado, *A audácia dessa mulher*, além do prazer de sermos (re)apresentados a uma nova personagem – Lina, outrora Capitu.

2 Conceitos de Bakhtin na literatura

2.1 Dialogismo

No início do século XX, o filósofo russo Mikhail Bakhtin, juntamente com outros intelectuais, desenvolveu diversos conceitos relacionados à linguagem. Dentre eles, o "dialogismo".

Em um sentido mais geral, podemos entender o dialogismo como algo ligado à noção de diálogo, o que remeteria, com facilidade, à fala de personagens nos textos narrativos, ao discurso direto e/ou aos turnos da fala tão fundamentais no texto dramático. Ainda, seguindo o senso comum incorporado ao termo "diálogo", podemos relacioná-lo à cotidiana discussão sobre um tópico de interesse comum, podendo estabelecer uma simples conversa com nosso interlocutor sobre os mais variados assuntos e argumentos possíveis.

Entretanto, apesar dos usos listados anteriormente, o diálogo trabalhado pelo Círculo de Estudos – do qual Bakhtin fazia parte – e o que de fato interessa-nos aqui está além do significado geral dado a tal palavra. As relações dialógicas estudadas por Bakhtin não coincidem, portanto, unicamente, com as falas de um diálogo concreto, mas sim com o que ocorre nele, com a forma e as significações do que foi dito.

Dessa forma, entendemos as relações dialógicas como relações carregadas de sentido, estabelecidas através de enunciados[1] e que possuem como referência toda a interação verbal. Em outras palavras, qualquer enunciado, se colocado no mesmo plano de sentido de outro enunciado ou no interior dele próprio, acaba por apresentar uma relação dialógica.

Nesse instante, deixemos que o próprio Bakhtin explique acerca das relações dialógicas:

> As relações dialógicas são possíveis não apenas entre enunciações integrais (relativamente), mas o enfoque dialógico é possível a qualquer parte significante do enunciado, inclusive a uma palavra isolada, caso esta não seja interpretada como palavra impessoal da língua, mas como signo da posição semântica de um outro, como representante do enunciado de um outro, ou seja, se ouvimos nela a voz do outro. Por isso, as relações dialógicas podem penetrar no âmago do enunciado, inclusive no íntimo de uma palavra isolada se nela se chocam dialogicamente duas vozes. (2008: 210-211)

---

1   Segundo Fiorin (2008: 20), em *Introdução ao pensamento de Bakhtin*, os enunciados "são as unidades reais de comunicação", "são irrepetíveis, uma vez que são acontecimentos únicos, cada vez tendo um acento, uma apreciação, uma entonação próprios". Assim, os enunciados apresentam autoria, intenção e posicionamento, por isso estão direcionados para um interlocutor, que pode ser um ouvinte ou um leitor.

Dessa maneira, de acordo com Faraco (2009: 67), em citação referente ao filósofo russo, as relações dialógicas caracterizam-se por ser um "tenso combate dialógico entre as fronteiras", entre os enunciados. Isso ocorre porque acatar ou refutar um enunciado é também acatar ou refutar outros enunciados. Trata-se, assim, de uma escolha que preconiza aceitar/recusar um em detrimento de outro, incluindo não somente o que é dito, mas também as vozes sociais que acompanham os enunciados.

A partir do exposto, o diálogo pode ser visto como um lugar de disputa entre as vozes sociais que o acompanham, nos trazendo a constatação de que todos os enunciados constituem-se a partir de outros. Mais ainda, podemos afirmar que essas vozes estão relacionadas ao poder circulante nas esferas sociais, isto é, as vozes que circulam na sociedade estão submetidas a um poder social. Logo, os enunciados estão em busca de uma resposta, seja ela afirmativa ou negativa, o que leva o dialogismo a configurar-se em relações entre enunciados.

No momento em que os textos, no papel de enunciado, surgem como respostas no diálogo social de suas respectivas épocas, temos a presença de várias vozes no interior do texto literário. Como nos diz Faraco (2009), nossos enunciados são sempre discurso citado, mesmo que não tenhamos essa percepção acerca deles devido às várias vozes que os compõem.

Portanto:

> [...] todo falante é por si mesmo um respondente em maior ou menor grau: porque ele não é o primeiro falante, o primeiro a ter violado o eterno silêncio do universo, e pressupõe não só a existência do sistema da língua que usa, mas também de enunciados antecedentes – dos seus e alheios – com os quais o seu enunciado entra nessas ou naquelas relações (baseia--se neles, polemiza com eles, simplesmente os pressupõe

já conhecidos do ouvinte). Cada enunciado é um elo na corrente complexamente organizada de outros enunciados. (Bakhtin, 2016: 26)

Unindo as questões conceituais desenvolvidas por Bakhtin a uma análise do romance de Ana Maria Machado, *A audácia dessa mulher*, percebe-se que a voz dada à personagem Capitu apresenta-se, de maneira dialógica, controversa à da esposa do advogado Bento Santiago em uma tentativa de equidade. Tal semelhança pode ser compreendida como uma voz polifônica[2], considerando-se uma comparação entre os dois romances.

Além disso, considerando-se a possibilidade de diálogos possíveis em ambos os textos analisados, buscamos o que nos diz a própria Ana Maria Machado no artigo *A mulher do ex-seminarista*, de agosto de 2015, acerca dessa possibilidade entre obras literárias: "Fazer livros dialogarem entre si é um procedimento intrínseco à literatura. Um direito do autor e um presente para o leitor" (2018: 37). Isso confirma a presença do dialogismo como elemento enriquecedor para a produção da literatura contemporânea de qualidade.

Vale ressaltar, também, que apesar de afirmarmos que os enunciados são constituídos por discursos anteriormente citados, o Círculo de Bakhtin entende perfeitamente a presença da singularidade, ou seja, o sujeito é social, mas também é singular. Isso nos diz que cada sujeito é único e capaz de tornar seu discurso algo único também, ou seja, deve-se considerar a maneira particular com que o indivíduo vive e dialoga com a sua realidade, já que ele é capaz de alterar o seu discurso mediante a sua interação com as vozes sociais.

---

2 Bakhtin (2008: 16) enxerga o romance polifônico como aquele em que elementos a princípio incompatíveis "[...] são distribuídos entre si por vários mundos e várias consciências plenivalentes, são dados não em uma, mas em várias perspectivas equivalentes e plenas; não é a matéria diretamente mas esses mundos, essas consciências com seus horizontes que se combinam numa unidade superior de segunda ordem".

2.2 Intertextualidade

Além do estudo acerca do dialogismo, os textos que nos deixaram Bakhtin e os membros do Círculo abriram possibilidades para a criação de novos conceitos. Talvez um dos mais famosos seja o de intertextualidade, presente hoje em várias análises literárias.

Primeiramente, deve-se ressaltar que a palavra "intertextualidade", apesar de relacionar-se com a filosofia do Círculo de Bakhtin, não foi introduzida pelo filósofo russo, já que, no máximo, o autor chegou a mencionar as relações existentes entre os textos. Na verdade, a origem do termo "intertextualidade" é atribuída à Julia Kristeva[3], autora que acredita ser o discurso não um ponto com sentido fixo, mas um cruzamento de superfícies textuais, isto é, de diversas escrituras em diálogo.

De acordo com Fiorin (2008: 52), foi Roland Barthes o responsável por difundir o pensamento de Kristeva e, assim, ajudar numa problemática substituição do termo "dialogismo" por "intertextualidade". Isso implicou denominar intertextualidade qualquer relação dialógica entre textos.

Considerando-se essa questão na classificação dos conceitos, deve-se levar em conta que tratar dialogismo por intertextualidade é, na verdade, um equívoco, visto que há, em Bakhtin, uma distinção entre texto e enunciado. Isso acontece porque, para esse autor, apenas as relações dialógicas entre textos poderiam ser chamadas de intertextualidade.

Além disso, Nitrini, em *Literatura comparada*, nos diz que, segundo Kristeva, a obra literária é "um duplo: escritura-escrita" e "uma rede de conexões" (2010: 38). Com isso, o texto literário faria

---

3   O termo "intertextualidade" foi cunhado por Kristeva em 1967, em publicação na revista *Critique*, na qual a autora promoveu uma discussão acerca das teorias bakhtinianas construídas em obras como *Problemas da poética de Dostoiévski* e *A cultura popular na Idade Média*.

parte de um conjunto de outros textos escritos na mesma época e funcionaria como uma espécie de réplica ou de resposta a outro(s) texto(s), que o precederam.

Essa formulação é importante para os estudos literários ao colocar a linguagem poética como o diálogo entre dois ou mais discursos que envolvem os textos lidos previamente pelo escritor. Nas palavras de Nitrini:

> A linguagem poética surge como um diálogo de textos. [...] O livro remete a outros livros e, pelo processo de somação, confere a esses livros um novo modo de ser, elaborando assim a sua própria significação. (2010: 38-39)

Assim, podemos considerar que o texto *A audácia dessa mulher* não só dialoga, por meio de uma relação de intertextualidade, com *Dom Casmurro*, mas também o acrescenta, o complementa. Há uma soma de ideias da autora ao que foi escrito anteriormente por Machado de Assis. Essa soma se entrecruza na personagem Capitu, que funciona como uma espécie de elo entre as duas obras.

Infelizmente, com relação a tal personagem, muito tempo foi dedicado ao questionamento da sua (in)fidelidade e isso acabou por impedir que uma análise mais apurada fosse feita a partir das possibilidades das múltiplas leituras do texto de Machado de Assis.

Uma visão diferenciada só ocorreu em 1960 com o estudo da norte-americana Helen Caldwell, que passou a propugnar possíveis incertezas presentes no discurso ambíguo, cheio de armadilhas e de conclusões duvidosas do narrador casmurro. Em determinado momento de seu livro *O Otelo brasileiro de Machado de Assis*, Caldwell relaciona os nomes das personagens aos da peça de Shakespeare em um diálogo bem interessante. Ao analisar o romance machadiano, a autora desmembrou o nome Santiago em: Sant + Iago, relacionando Bentinho ao vilão da peça *Otelo* e mostrando que há, num mesmo personagem, traços bons, de Santo, de Bento, e também traços de Iago, de inveja.

Tal fato colocaria em xeque a veracidade do relato do protagonista machadiano e abriria as portas para múltiplas releituras, visto que o próprio personagem admite essa possibilidade ao afirmar que "tudo se acha fora de um livro falho, leitor amigo. Assim preencho as lacunas alheias; assim podes também preencher as minhas" (*Dom Casmurro*, cap. 2).

É assim, como leitora do velho bruxo do Cosme Velho e preenchendo tais "falhas", que Ana Maria Machado resgata Lina e permite que a personagem dê seu testemunho. Todavia, diferentemente de Bentinho, que se dirige ao leitor e tenta convencê-lo de sua verdade e de suas vaidades, Lina não se dirige a ninguém, a não ser a si mesma.

Essa relação entre textos ocorre, portanto, através das impressões causadas pela obra nos leitores e é o que permite que eles dialoguem entre si. Foi assim que Capitu, na verdade Capitolina, pôde ser (re)inventada e ganhou voz cem anos depois da sua criação.

É em um trecho do livro *A audácia dessa mulher* que o diálogo entre textos se mostra claro na voz do narrador e amplia a inserção dos clássicos na literatura contemporânea.

> Mais que isso, porém: a leitura aproxima livros diversos. O que o autor leu está embebido nele e passa para sua escrita. Acontece o mesmo com aquilo que cada leitor já leu antes e vai fazer dialogar com o que está lendo agora. Ou ainda com o que guardará do que está lendo neste momento e, em algum ponto do futuro, acionará para incorporar a sua vida ou a outras leituras. Livros que continuam uns aos outros. (Machado, 1999: 185)

Assim, *A audácia dessa mulher* marca o encontro de dois textos: ele próprio e o de Machado de Assis. Também é importante salientar que, enquanto textos literários que são, além de dialogarem entre si, ambas as obras dialogam com o leitor e com o contexto cultural em que foram escritas. Assim, a intertextualidade pode fornecer um horizonte interessante para a leitura dos textos: a revisitação constante a outras obras, anteriores ou até mesmo simultâneas, que estão, mesmo que de maneira implícita, presentes no que estamos lendo.

3 A (re)apresentação do clássico em *A audácia dessa mulher*

Muitas são as definições e os pré-requisitos para que uma obra, ou um autor, seja considerada um clássico/cânone na literatura, mas há algo que acontece com os clássicos e que não pode ser negado: eles se relacionam à "excitação ou à apatia" que causam nos leitores. Para isso, vejamos o que escreveu Harold Bloom em *O cânone ocidental*:

> A gente só entra no cânone pela força poética, que se constitui basicamente de um amálgama: domínio da linguagem figurativa, originalidade, poder cognitivo, conhecimento, dicção exuberante. (2010: 44)

Além de satisfazer todos esses pré-requisitos, o clássico e, por conseguinte, o cânone estariam intimamente atrelados à memória, à recordação. É o próprio Bloom (2010: 53) que afirma que "o conhecimento não pode prosseguir sem memória, e o cânone é a verdadeira arte da memória, a autêntica fundação do pensamento cultural". É a memória que garante a perpetuação do clássico, determinando a sua durabilidade, a continuidade da sua existência.

Já Jorge Luis Borges, em *Outras inquisições*, nos indica o clássico como:

[...] aquele livro que uma nação ou um grupo de nações ou o longo tempo decidiram ler como se em suas páginas tudo fosse deliberado, fatal, profundo como o cosmos e capaz de interpretações sem fim. (2007: 220-221)

Assim, podemos compreender que os clássicos são textos que suscitam emoções que podem, ou não, ser eternas, por isso o que é considerado um clássico hoje não necessariamente o será e despertará as mesmas emoções no futuro. Torna-se perigoso crer que um clássico carregará para sempre esse status. Mais especificamente, um clássico não é sempre um livro que "possui estes ou aqueles méritos; é um livro que as gerações humanas, premidas por razões diversas, leem com prévio fervor e misteriosa lealdade" (Borges, 2007: 222).

Desse modo, considerar *Dom Casmurro* um clássico é considerá-lo um texto lido e recebido pelo leitor. É admitir que existe, ainda nos dias de hoje, uma interação entre obra e leitor. A partir dessa realidade e do acesso aos clássicos na atualidade, Bloom admite que eles possuem o seu espaço e são lidos porque temos prazer em fazê-lo, porque pensamos e necessitamos, porque nos é de direito. Ler um clássico é ser seu cúmplice, é engajar-se com a obra, é manter viva a memória, saciando-se na "lembrança da humanidade".

Dessa forma, observamos que resgatar o clássico foi algo assumido por Ana Maria Machado através da criação de uma história feita por encaixes em que uma das peças tem como narrador-personagem Capitu. O diálogo intertextual entre as obras traz o clássico de volta ao cenário da literatura contemporânea ao mesmo tempo que comprova o estado de imortalidade da obra clássica, mesmo que modificada.

Assim, a trama romanesca, presente em *A audácia dessa mulher*, começa a perseguir maior responsividade sobre o leitor, especialmente para o leitor de clássicos da literatura. Isso acontece quando Virgílio, personagem dono de um restaurante na zona sul do Rio de Janeiro, empresta à Beatriz, jornalista especializada em turismo, um caderno de receitas escrito no século XIX. Por se tratar de um caderno de família, o livro não poderia ser dado a Bia, mas ela poderia ficar com ele o tempo que julgasse necessário. Era o pretexto que Virgílio precisava para ficar mais próximo da protagonista, para ter um vínculo com ela.

De início, a jovem não se mostra muito interessada e deixa a cargo de sua secretária Ana Lúcia separar as receitas do restante das anotações, já que a dona do caderno o utilizava também como uma espécie de diário. Era um hábito um tanto comum às moças do século XIX: ter um caderno de receitas e/ou um diário em que podiam escrever seus pensamentos, sentimentos e os pratos preferidos do marido. É o que Lygia Fagundes Telles chamou de "cadernos-goiabada" e foi citado por Norma Telles no livro *História das mulheres no Brasil*:

> [...] cadernos onde as mocinhas escreviam pensamentos e estados de alma, diários que perdiam o sentido depois do casamento, pois a partir daí não mais se podia pensar em segredo – que se sabe, em se tratando de mulher casada, só podia ser bandalheira. Ficavam sim com o caderno do dia a dia, onde, em meio a receitas e gastos domésticos, *ousavam* escrever uma lembrança ou ideia. Cadernos que Lygia vê como um marco das primeiras arremetidas da mulher brasileira na carreira de letras, ofício de homem. (2011: 409; grifo nosso)

Ainda sobre a utilização do caderno de receitas em seu romance, Ana Maria Machado, no artigo *A mulher do ex-seminarista brasileiro*, admite o dialogismo com o texto *A disciplina do amor*, da própria Lygia Fagundes Telles, em que esta afirma que em sua família era comum que "algumas mulheres de gerações anteriores deixassem registros pessoais escritos pelo meio de receitas culinárias em cadernos a elas destinados" (2018: 40-41). Muitas delas, entretanto, continuavam com o hábito depois de casadas de uma maneira "segura", visto que os pensamentos/as vozes femininas permaneceriam fora do alcance de pais, maridos, irmãos, filhos, da sociedade patriarcal, sempre desinteressada por "escritos de mulheres".

Assim, o caderno-goiabada da jovem que ousou continuar a escrevê-lo, mesmo depois de casada, encantou não só Ana Lúcia, mas também a independente Beatriz, levando ambas a questionarem e a quererem saber mais a respeito dessa mulher – real dentro do universo ficcional – que quebrava os tabus com a audácia de relatar a própria história. Logo, Bia converteu-se em leitora de literatura confessional, hoje um acréscimo dentro do panorama literário.

O interesse pelo diário-caderno de receitas é tão grande que leva a protagonista, mesmo em dúvida a respeito de seus sentimentos com relação a Virgílio, a investigar, a querer saber mais a respeito da mulher que escreve suas memórias sobre o casamento com um homem ciumento e desconfiado, identificado como "B." Dessa forma, o mistério com relação à identidade da autora do caderno permeia parte da trama e leva a personagem principal a questionamentos de temas como o amor, o patriarcalismo e a ética.

Quem esclarece Bia e resolve o impasse é dona Lourdes, a mãe de Virgílio, que lhe entrega cartas também escritas pela dona do caderno. São essas cartas que revelam a história da autora do diário, o que lhe aconteceu a partir do momento em que foi deixada na Europa pelo marido B., e o mais interessante, a sua assinatura: Maria Capitolina. Ou seja, nada menos do que a Capitu de *Dom Casmurro*, que em *A audácia dessa mulher* atende por Lina. É dada a ela, finalmente, a oportunidade de narrar a sua versão da história contada anteriormente pelo marido Santiago. A partir daí, não só Beatriz Bueno, mas também todos nós somos convidados a conhecer Capitu sob outro viés – o desabafo dela mesma. Tem-se, então, uma narrativa dentro de outra narrativa que começa a ser escrita pela menina Capitolina e termina com a mulher madura, agora Lina:

> Só depois do almoço [...] tornou a pegar a papelada da Capitu, as anotações que fizera, o livro do velho Machado. Mais uma vez, era dominada pela incredulidade. Racionalmente, porém, constava que era verdade. Sempre imaginara aqueles personagens apenas como seres inventados. Agora descobria que um deles, pelo menos, tivera existência real. (Machado, 1999: 211)

Assim, a autora discute as relações amorosas, os valores que acabaram por se transformar, o papel da mulher, da literatura e do livro à medida que dialoga com o texto machadiano e leva o leitor a visitar o clássico.

Quando lemos um livro, cânone ou não, ou até mesmo quando escrevemos um texto novo, levamos conosco uma gama rica em informações, que relaciona nosso texto com os de outros autores. Em *A audácia dessa mulher*, Bia consegue trazer a relação que o leitor tem com os textos lidos e a expressa no momento em que escreve. Logo, o instante da leitura pode ser metaforicamente relacionado a uma viagem através do tempo e do espaço, a uma cultura diferente daquela em que estamos inseridos.

É a voz narrativa que nos mostra a opinião da protagonista:

> A opinião de Bia, para quem não leu e está curioso, é que no fundo ninguém viaja sozinho, porque a gente está sempre em companhia de autores e outros artistas, dos livros, filmes, quadros, músicas que estão sempre conosco, enfim dos mitos culturais que povoam nossa memória. (Machado, 1999: 15)

É nessa viagem que as companhias e os diálogos entre os textos e os mais diferentes gêneros se fazem presentes. Logo, ler *A audácia dessa mulher* é estar acompanhado, além de Machado de Assis, de outros autores citados explicitamente: Virginia Woolf, Zola, Stendhal etc.

Tal fato mostra ao leitor que ler literatura não é uma viagem solitária, mas sim um trajeto que se faz em companhia de muitas vozes. Assim, as personagens vão se (re)criando na narrativa, tal qual fez Lina, na sua velhice, convertendo-se em dona de pensão na Suíça, segundo a autora (2018: 42), parecida com as que ambientavam as histórias de Henry James, contemporâneo de Machado de Assis.

Ainda sobre esse movimento de (re)criação a partir de outros textos, Ana Maria Machado nos diz:

> Acho que muitas vezes os diálogos literários ocorrem assim, como uma semente que cai em algum ponto por acaso, e fica à espera de seu momento de germinar ou não. Só muito mais tarde, com o livro já pronto, percebi que, ao escrever *A audácia dessa mulher*, finalmente chegara a hora de incorporar *A mulher do ex-seminarista brasileiro* e trazer Capitu a um texto meu [...]. Enfim, creio que esses diálogos são intermináveis. E a eles ainda se somam diálogos dos leitores, quando um texto chega a eles. Leitores comuns ou críticos profissionais. (2018: 43-44)

Dessa forma, retoma-se o que defendeu Bakhtin em *Questões de literatura e de estética* com relação ao discurso e suas respostas:

> Todo discurso é orientado para a resposta e ele não pode esquivar-se à influência profunda do discurso da resposta antecipada. O discurso vivo e corrente está imediata e diretamente determinado pelo discurso-resposta futuro [...] Assim é todo diálogo vivo. (2014: 89)

É como diálogo vivo, portanto, que a literatura se mantém presenteando os leitores com pensamento reflexivo, aprendizado, compreensão dos problemas da vida, cultivo do humor, aprimoramento das emoções. É ela que nos torna mais humanos quando nos permite ser capazes de compreender a sociedade e o semelhante.

4 Considerações finais

Quando na virada do século, no auge da supremacia do mundo virtual, a escritora Ana Maria Machado nos remete à obra escrita por Machado de Assis e a insere como uma trama paralela que acontece nos dias atuais, podemos concluir que os clássicos continuam presentes, e não só merecem ser lidos, como também podem ser uma excelente fonte de leitura prazerosa.

Ademais, *A audácia dessa mulher* confirma a presença dialógica entre textos, mostrando-nos que os livros escritos hoje comunicam-se e trazem dentro de si os livros de ontem, que serviram de embasamento para quem está escrevendo. É esse dialogismo, explicado por Bakhtin, que possibilita a ousadia e a "pervivência" das obras, em especial das obras clássicas.

Enquanto leitora-autora, Ana Maria Machado, no livro *Como e por que ler os clássicos desde cedo*, traz uma definição bem direta a respeito desses textos: "Clássico não é um livro fora de moda. É livro eterno que não sai de moda" (2002: 15). Assim, a escolha de uma personagem marcante da literatura nacional e a possibilidade de (re)visitar a obra de Machado de Assis reforçam as múltiplas possibilidades de leituras, colocando-as "na moda".

Por isso, assim como fez a protagonista de *A audácia dessa mulher* no capítulo que encerra o livro, brindemos não só à permanência da leitura literária, mas também à possível revitalização do clássico no contemporâneo, em uma união ousada e feliz.

Referências bibliográficas

ASSIS, Joaquim Maria Machado de. *Dom Casmurro*. São Paulo: Martin Claret, 2006.

BAKHTIN, Mikhail. *Problemas da poética de Dostoiévski*. Rio de Janeiro: Forense Universitária, 2008.

BAKHTIN, Mikhail. *Questões de literatura e de estética: a teoria do romance*. São Paulo: Hucitec, 2008.

BAKHTIN, Mikhail. *Gêneros do discurso*. São Paulo: Editora 34, 2016.

BARTHES, Roland. *Elementos de semiologia*. São Paulo: Cultrix/USP, 1972.

BLOOM, Harold. *A angústia da influência: uma teoria da poesia*. Rio de Janeiro: Imago, 2019.

BLOOM, Harold. *O cânone ocidental*. Rio de Janeiro: Objetiva, 2002.

BORGES, Jorge Luis. "Sobre os clássicos". *In: Outras inquisições*. São Paulo: Companhia das Letras, 2007.

CANDIDO, Antonio. "O direito à literatura". *In*: Antonio Candido, *Vários escritos*. Rio de Janeiro: Ouro sobre Azul, 2004.

CALDWELL, Helen. *O Otelo brasileiro de Machado de Assis: um estudo de Dom Casmurro*. São Paulo: Ateliê Editorial, 2002.

FARACO, Carlos Alberto. *Linguagem e diálogo: as ideias linguísticas do Círculo de Bakhtin*. São Paulo: Parábola, 2009.

FIORIN, José Luiz. "Interdiscursividade e intertextualidade". *In*: BRAIT, Beth (Org.), *Bakhtin: outros conceitos-chave*. São Paulo: Contexto, 2006.

FIORIN, José Luiz. *Introdução ao pensamento de Bakhtin*. São Paulo: Ática, 2008.

KRISTEVA, Julia. *Introdução à semanálise*. São Paulo: Perspectiva, 1974.

MACHADO, Ana Maria. *A audácia dessa mulher*. Rio de Janeiro: Nova Fronteira, 1999.

MACHADO, Ana Maria. "A mulher do ex-seminarista brasileiro". *In*: GUIMARÃES, Hélio de Seixas; SENNA, Marta de (Orgs.). *Machado de Assis: permanências*. Rio de Janeiro: Fundação Casa de Rui Barbosa/7Letras, 2018.

MACHADO, Ana Maria. *Como e por que ler os clássicos universais desde cedo*. Rio de Janeiro: Objetiva, 2002.

NITRINI, Sandra. *Literatura Comparada*. São Paulo: Edusp, 2010.

TELLES, Norma. "Escritoras, escritas, escrituras". *In*: DEL PRIORI, Mary. *Histórias das mulheres no Brasil*. São Paulo: Contexto, 2011.

A audácia dessa mulher ou quatro mulheres audaciosas

Marilene Weinhardt
Universidade Federal do Paraná

> *[...] não quero mentir para quem me lê, não além do inevitável ato do fingimento que é qualquer ficção. É honesto lembrarmos que essas vidas são inventadas, essas situações são criadas, mas nosso encontro nessas páginas, seu e meu, é real.*
>
> Ana Maria Machado, *A audácia dessa mulher*

O diálogo com a história da literatura foi um traço marcante da ficção do período entre séculos, tendência que avançou pelas décadas seguintes. Ficcionistas e poetas foram e são apropriados como personagens. A listagem de títulos continua se alongando. Trata-se de um tipo de criação romanesca que se pode incluir na categoria romance histórico, pelo comércio que estabelece com uma fatia específica da história, o passado literário. Entre as muitas faces que toma o romance histórico contemporâneo, pode-se denominar a esta como ficção-crítica, com hífen, como um substantivo composto, para não dar precedência a nenhum dos termos, uma vez que mescla recursos do discurso ficcional não apenas com a história da literatura, mas também com a visada crítica.

Na produção brasileira, Machado de Assis é o escritor mais frequentado nesse tipo de criação, com uma singularidade: não apenas o próprio autor foi ficcionalizado, como também as personagens criadas em seus textos ficcionais migraram para outros textos, muitas vezes fazendo com que criador e criaturas convivam no mesmo universo. O primeiro representante dessa linhagem é

Haroldo Maranhão, com *Memorial do fim: a morte de Machado de Assis*, lançado em 1991. Em cenas que focalizam o escritor em seu leito de morte, interagem, em clima que emula delírio, o delírio do moribundo, personagens da vida pública que de fato visitaram ou poderiam ter visitado Machado em seus últimos dias de vida, com personagens criados em sua ficção. Alguns anos mais tarde, José Endoença Martins publica *Enquanto isso em Dom Casmurro* (1993), narrativa em que Capitu, aborrecida por estar presa em um livro em que o marido a acusa de adúltera, foge e vai cair no Sul do Brasil, mais precisamente na cidade de Blumenau, no período da Oktoberfest, experiência que lhe proporciona uma visão distorcida do que seja a vida na última década do século XX no Brasil. Chegando ao final da década, a publicação de romances de extração histórica, seja na modalidade que se costuma denominar "novo romance histórico", ou ainda ficção meta-histórica, quando não com parentesco bastante acentuado com o romance histórico oitocentista, avulta. No mesmo passo, o diálogo com a produção machadiana adensa-se. Domício Proença Filho dá a público *Capitu: memórias póstumas* (1998). A narração segue *pari passu* a narrativa de *Dom Casmurro*, com a diferença do ponto de vista, o que evidentemente muda tudo. O relacionamento do par Bentinho e Capitu, aos olhos dela, tem um vilão, o advogado Bento Santiago, dado seu caráter fraco e ciumento. Além de dialogar com a ficção machadiana, evocando também outras obras, como se verifica desde o título, com a presença do adjetivo "póstuma", um novo par é convocado, a crítica, que nessa altura questionava o adultério que sempre se leu em *Dom Casmurro*, jogando luz sobre o componente "ciúme" da parte de Bento Santiago. Em 1999, ano do centenário do romance de Machado de Assis, registram-se dois títulos. Sai *Amor de Capitu*, de Fernando Sabino, em que o exercício narrativo é transpor o texto original para a terceira pessoa, subscrevendo a interpretação de que a traição é inquestionável, que de fato se consumou. E sai ainda, de Ana Maria Machado, *A audácia dessa mulher*, que recebeu o Prêmio Machado de Assis, concedido pela Biblioteca Nacional, na categoria Melhor Obra de Ficção do Ano. Outras edições se seguirão, com relançamento por ocasião do vigésimo aniversário. Os títulos que ficcionalizam Machado de Assis e sua produção multiplicam-se nestas décadas iniciais do século XXI. Não cabe evocá-los aqui, e sim deter-nos em nosso objeto de análise.

No conjunto citado, o paralelo mais evidente para o título de Ana Maria Machado é o citado romance de Domício Proença Filho, dada a coincidência de dar voz a Capitu. No entanto, enquanto este último é fiel a um fio narrativo, restrito ao tempo e ao espaço do romance machadiano sob outro ponto de vista, ainda que sempre em primeira pessoa, em discurso memorialístico pós-morte, emulando, no plano do discurso, *Memórias póstumas de Brás Cubas*, a narrativa de Ana Maria Machado refrata-se em outros tempos e fios narrativos, reservando algumas passagens para a voz de Capitu, em outros registros discursivos e, especialmente, mantendo sua identidade em suspenso até muito próximo do desfecho da narrativa.

Como esta leitura visa dar maior atenção justamente a essa apropriação, procuro primeiro dar conta da trama que ocorre no presente, em que o fio, ou melhor, os fios que vêm do passado vão se inserir. Convém já antecipar que não se trata de mero acaso. O diálogo entre faixas temporais e tramas é o trunfo do romance.

A narrativa está dividida em dezoito capítulos, sem outra identificação além do número arábico. O primeiro capítulo é uma cena que comporta o diálogo que se estabelece em uma equipe de produção de uma série televisiva, por vezes chamada novela. Vale lembrar que a telenovela teve uma presença marcante no cenário cultural desse período, enquanto as séries, em geral denominadas como minisséries, começavam a aparecer, ainda em canais abertos. A tevê por assinatura estava em seu nascedouro no país. A referida reunião inclui duas figuras externas que foram convidadas a participar do grupo de trabalho especificamente nessa realização: um *doublé* de arquiteto e dono de restaurante em que ele mesmo é o *chef*, chamado Virgílio, e uma jornalista dedicada à redação de livros de viagens, Beatriz.

Ao leitor mais atento à lição borgeana quanto ao diálogo que os livros estabelecem entre si, não passa despercebida a presença desses dois nomes, especialmente se atentou para a terceira das três epígrafes, dois versos de Emily Dickinson: "Por que me trancaram de fora do Paraíso? [com maiúscula] / Acaso terei cantado alto demais?" (Machado, 1999: s/p). Virgílio, Beatriz, Paraíso... o eco de Dante se faz ouvir. Aliás, a narrativa não deixa apenas por conta do acaso das percepções do leitor o diálogo com a tradição literária estabelecido pela escolha de nomes das personagens. A propósito de uma referência a Fabrício, o amado de Bia, Stendhal é citado (Machado, 1999: 135).

A conversa da abertura gira em torno do projeto e da justificativa para a presença daqueles dois estranhos no ninho, explicações destinadas aos profissionais da área e mesmo aos próprios novatos, que até aí não conheciam a razão do convite. A consultoria de ambos fora convocada para dar consistência ao enredo da série que, nas palavras do diretor: "se passa no século XIX, no Rio de Janeiro, mas com certeza vai incluir também uma viagem dos personagens à Europa" (Machado, 1999: 9). Há ainda mais uma informação, que em princípio soa quase acidental, dirigida a todos, mas que, saberemos depois, é mais um ponto para amarração posterior. O autor da série anuncia: "A fidelidade vai ser um de nossos temas. Quer dizer, esta será uma história sobre ciúme" (Machado, 1999: 16). Aliás, na segunda leitura, ou a partir da segunda leitura, percebe-se tanto que nada é acidental na trama como também que há cuidadoso jogo de correspondências e interação entre os fios narrativos. Passagens da trama, que se passa no presente, parecem gratuitas, quando não apelativas, tomam outro vulto ao se relacionar com o todo.

Nesta altura, temos dois fios: o trabalho na composição da peça televisiva e o enredo da própria peça, ambos no mesmo espaço, o Rio de Janeiro, em tempos diferentes, século XIX e final do século XX.

O questionamento quanto aos papéis que lhes cabe nessa empreitada aproxima Virgílio e Beatriz, mais comumente chamada Bia. Ele é divorciado, ela e o namorado deram-se um tempo. Acontece o previsível, inicia-se um relacionamento, forma-se novo par. Ambos são cautelosos, nenhum se entrega inteiramente, ainda que por razões diversas. Ele não entende como Bia e o companheiro, nas palavras dela, "tinham uma relação intensa, mas não exclusiva" (Machado, 1999: 83). Ela explica: "A gente tem uma lealdade absoluta um com o outro, mesmo não respeitando a tal da fidelidade" (Machado, 1999: 83-84). Mais uma vez aparece o tema da fidelidade, certamente com um entendimento bastante diverso do que anunciara o autor da série.

Entre encontros e desencontros, Virgílio empresta a Beatriz um caderno antigo contendo receitas culinárias, relíquia que está na família dele há gerações e a mãe lhe entregou com o compromisso de passar à filha quando adulta. Esse manuscrito, e as relações que estabelece, será o centro de atenção dessa leitura. Para não deixar muitos fios soltos, fios esses que potencializam a linha principal, convém comentar mais alguns desdobramentos das ações que ocorrem no presente. Seleciono duas que reforçam a questão da condição e situação da mulher, enquanto a terceira remete aos efeitos do ciúme.

Primeiro episódio: por conta da tentativa de descobrir quem era a pessoa que escreveu o caderno de receitas, Beatriz marca um encontro com a mãe de Virgílio. Espera deparar-se com uma senhora, uma mãe padrão de meados do século XX, que procura preencher seu tempo tomando chá e conversando, depois que os filhos já não estão em idade de requerer seus cuidados. Qual não é sua surpresa ao constatar que se trata de uma profissional bem-sucedida, que ficara viúva com os filhos pequenos, na altura sem recursos e sem profissão. Premida pela necessidade, criara seu próprio caminho, de fornecedora de marmitas a fundadora de "uma empresa especializada em serviços para bares, restaurantes e hotéis" (Machado, 1999: 182), ainda na ativa, no momento sabendo tirar partido dos avanços da tecnologia, o que lhe permite aliar aumento do potencial e conforto. A própria personagem conta a Bia seu percurso, com riqueza de detalhes, em meio a rápidas providências pelo bom andamento de seu empreendimento. O que lemos se constrói com o cruzamento da descrição feita por Bia e transcrições de falas da personagem.

Segunda situação: outra mulher com quem Beatriz convive, neste caso com encontros regulares, é uma moça que lhe presta algumas horas de serviço na organização de material de trabalho. É a forma que a jornalista encontrou para ajudar na formação da filha de uma antiga faxineira. O narrador destaca as qualidades de Ana Lúcia: inteligente, estudiosa, dedicada. O principal assunto do momento entre elas, além da transcrição de partes escolhidas do manuscrito, é o relacionamento da moça com o noivo, rapaz da mesma comunidade que ela. Ana Lúcia declara amá-lo, mas se sente tolhida pelas proibições que ele promete para depois do casamento, como não a deixar trabalhar, ou pelo menos exercer a prerrogativa de ele escolher o local de trabalho dela. A moça acaba se libertando dessa relação abusiva, para satisfação de Bia, que não queria interferir diretamente, embora tivesse percebido a inadequação do relacionamento.

De uma forma ou outra, essas duas mulheres estão ligadas ao caderno de receitas. Não é o caso da terceira pessoa cuja atuação convém comentar desde logo. Entretanto, para melhor entender a eficácia dessa atuação, são necessários alguns esclarecimentos. A narrativa não chega ao tempo da filmagem da série, limita-se ao período da composição. Esse fio propiciou o encontro entre Virgílio e Beatriz, mas importa sobretudo pelas pistas já referidas: a temática do ciúme, o espaço do Rio de Janeiro e o tempo oitocentista. O anúncio desses elementos, já no início, faz com que o leitor suponha que se trata da corriqueira adaptação de um romance, com pistas que remetem a *Dom Casmurro*. Bia e Virgílio, os únicos que evidenciam repertório para tal, comentam a temática em comum com o romance de Machado e com a peça *Otelo*, como se verá em citação mais adiante. E aí chegamos à anunciada terceira pessoa. É o *modus operandi* do autor da série que interessa destacar. No plano do enredo, ele faz mais alguns contatos com Bia e promove encontros dela com um dos redatores. Esse rapaz, tendo trabalhado com o autor em projetos precedentes, sabe que ele costuma fazer uma espécie de laboratório com os membros da equipe, provocando situações em que aflorem os sentimentos que constituem sua temática do momento. Assim, tão logo percebera que Bia e Virgílio estavam se relacionando, arma situações propícias a despertar ciúme em ambos. Acerta na mosca, especialmente no caso de Virgílio, macho-alfa típico, em contraposição ao namorado, talvez ex-namorado, que está distante e só conhecemos pela memória dela. O redator conta a Bia essa artimanha costumeira do autor, detalhando casos anteriores. Para a leitura que proponho, esse detalhe, à primeira vista gratuito, reforça não só o diálogo, mas a fusão entre ficção e vivência. O autor da série julga obter mais verossimilhança, se não verdade mesmo, ao provocar entre os elementos de sua equipe, inclusive entre os que não são atores, os sentimentos que deseja pôr em cena.

Nos três episódios está em questão o relacionamento entre os gêneros, mais especificamente a posição da mulher na sociedade, temática cara a Ana Maria Machado e que, no apagar das luzes do século XX, não era tratado com a desenvoltura que alcançou nas primeiras décadas do século XXI. Aliás, desenvoltura que sofre sérias ameaças no atual cenário sociopolítico brasileiro.

Concentro-me agora no referido caderno de receitas, que na verdade pouca atenção desperta quanto às receitas em si e cujo valor, como bem percebeu Bia, encontra-se nas eventuais anotações, em tom de diário, ainda que esparsas.

Ao examiná-lo pela primeira vez, Bia fica intrigada ao constatar que o nome da proprietária do caderno fora cuidadosamente recortado. A busca pela satisfação dessa curiosidade percorre toda a narrativa. Logo Bia se dá conta de que as anotações que, em princípio, pareciam acidentais constituem um enredo, construído à medida que os acontecimentos se sucediam, à maneira de diário, estendendo-se por vários anos, ainda que não haja registro nenhum por largos períodos. Quem escreve identifica-se como Lina, nome que só saberemos, com Bia, em altura bem adiantada da narrativa. Essa moça mantivera namoro e depois casamento com alguém que identifica como "B.", mais tarde nomeado Doutor Santiago. A intertextualidade com *Dom Casmurro* vai se estabelecendo na cabeça do leitor. O paralelismo de datas é perfeito. O primeiro registro é de 1857 e o último de 1871. Vale lembrar que a primeira data registrada no romance machadiano é a reminiscência de um acontecimento ocorrido em 1857, quando Bentinho ouve atrás da porta José Dias revelar a sua mãe os sentimentos do menino por Capitu. A morte de Escobar aconteceu em 1871. O trabalho de Ana Maria Machado sobre o texto, que com o Genette de *Palimpsestes* (1982) chamamos hipotexto, é cuidadoso e minucioso. Em leitura mais aturada, percebe-se procedimento que não aparece na superfície, sobretudo porque no primeiro contato pode-se dar mais atenção ao enredo do presente. Nos trechos que são apresentados como transcrições do diário, há termos e construções que são os mesmos ou muito próximos do texto machadiano. Sirva de exemplo o registro da passagem do *dandy* que Bentinho julga cortejar Capitu. No capítulo LXXV de *Dom Casmurro*, lê-se:

> Jurei não ir ver Capitu naquela tarde, nem nunca mais [...] ouvi a voz dela, que viera passar o resto da tarde com minha mãe, e naturalmente comigo, como das outras vezes, mas [...] não me fez sair do quarto. Capitu ria alto, falava alto, como se me avisasse; eu continuava surdo, a sós comigo e o meu desprezo. A vontade que me dava era cravar-lhe as unhas no pescoço, até ver-lhe sair a vida com o sangue [...]. (Assis, 1899: 220-221)

No hipertexto, para continuar com a terminologia genettiana, lemos:

> Ontem sucedeu algo que só hoje consegui entender. Fui passar a tarde com Dona Glória [...]. Falei alto, ri alto, para avisá-lo de que eu estava ali. Não se mostrou. Só hoje contou-me a causa da reclusão. Começou por me dizer cousas assustadoras. Que agora eu só teria seu desprezo, muito desprezo. E que tinha vontade de cravar-me as unhas no pescoço, enterrá-las bem, até ver-me sair a vida com o sangue [...]. [Machado, 1999: 120]

O exercício de examinar os paralelismos poderia se multiplicar, com trechos mais ou menos assemelhados.

Mencionei anteriormente que a data final das anotações no diário coincide com o ano da morte de Escobar, mas esse episódio não está ali relatado. O final das anotações coincide com o relato contido no capítulo CXVIII de *Dom Casmurro*. Bento Santiago confessa a atração, o desejo que teve por Sancha, no serão da noite que precedera a morte de Escobar. Então se dá a grande mudança que provoca o fim do diário. A Lina de Ana Maria percebeu o enlevo do marido com a amiga, fica perdida, só tem "Vontade de matar, de morrer" (Machado, 1999: 153).

O romance de Machado de Assis se estende ainda por mais 30 capítulos depois desse episódio. A voz de Lina também não se cala aí, mas aparece em outro registro. Bia tem acesso a uma carta destinada a Sancha, com data de 1911. Nesta, prestes a morrer, Lina dá conta a Sancha, que a julgava morta e enterrada havia muito, do que vira naquela noite e o que fora sua vida desde então. Vale mais uma citação, para registrar o que fora, para ela, o famoso olhar surpreendido pelo marido. Ela também já passara pela experiência da epifania. O relato retoma o fio temporal do diário:

> O que se seguiu à descoberta daquela noite, e que nem imaginas, [...] soube que Santiago fora chamado às pressas à tua casa, porque teu marido se afogara. Não pude deixar de recordar, imediatamente, que ainda na véspera eu pensara em sua morte, e na minha também. [...] A olhar fixamente o cadáver, supliquei com todas as minhas forças que ele me levasse consigo [...]. (Machado, 1999: 189-190)

Assim, o olhar que, em *Dom Casmurro*, Bento Santiago viu como prova de traição, era a dor de quem se descobriu traída, somada à culpa de ter desejado a morte do outro e ainda à vontade de também morrer, quase um impulso suicida.

Não cabe aqui o detalhamento do que Lina conta sobre sua vida na Europa. Convém dizer que ela trabalhou, sustentou a si mesma e ao filho e até amealhou recursos, ou seja, uma mulher que reconstrói a vida sozinha a partir do próprio potencial. A notícia da sua morte na Suíça, como consta em *Dom Casmurro*, fora um estratagema para que Ezequiel pudesse visitar o pai sem qualquer risco de reação mais dura de Bento Santiago. Mesmo depois da morte do filho, na Palestina, ela conseguira refazer a vida ainda mais uma vez, a despeito da dor, ou melhor, como superação da dor.

A paródia, para Linda Hutcheon, não é necessariamente ridicularizadora. Segundo a crítica canadense, a "paródia é, pois, tanto um acto pessoal de suplantação, como uma inscrição de continuidade histórico-literária" (Hutcheon, 1989: 52). A criação da Maria Capitolina, a Lina de Ana Maria Machado, como reflexo invertido da Capitu machadiana não é um desrespeito ao romancista brasileiro maior do século XIX. A homenagem está na leitura de Machado de Assis pelo avesso, que permite constatar a permanência dos percalços da condição feminina. Se no final do século XX há mulheres empoderadas como a mãe de Virgílio e como Ana Lúcia, que têm a audácia de redefinir os rumos da vida como fez Lina, o feminicídio está na ordem do dia nesta altura do século XXI brasileiro, na maioria das vezes provocado pelo ciúme, ação de homens que entendem a mulher como posse. Os ecos do passado não deixam de ressoar na nossa cultura. Nesse cruzamento, que não lê o romance apenas no jogo intertextual com o original machadiano, mas nesse entretecer de fios de diferentes extratos sociais e temporais, avulta outra força.

No entanto, os reflexos que se apreendem em *A audácia dessa mulher* são também de outra ordem. Já ficou evidente que a leitura aqui apresentada repousa na intertextualidade com a obra de Machado de Assis. De início comentei o eco de Dante nos nomes dos personagens. Há muitas outras vozes da cena literária ressoando, seja em citações, em paralelos, em paráfrases, em evocações de nomes de romancistas, poetas, pensadores. Seleciono algumas passagens, a título de exemplificação. O discurso didático, permeado pelo estilo machadiano, aparece já no parágrafo de abertura do capítulo 2: "Perdoe-nos a amável leitora ou o gentil leitor, mas as convenções que regem a feitura de um romance em nossa época diferem grandemente das vigentes no século XIX" (Machado, 1999: 19). Seguem-se comentários sobre a posição do narrador, recorrendo às funções da linguagem de Roman Jakobson, para na sequência implicitamente ecoar Henry James e finalizar com uma visada crítica sobre o estilo de Machado de Assis, ao mesmo tempo que retorna ao plano ficcional, que vige a partir do parágrafo subsequente, pela referência ao espaço da cidade:

> Depois que os romancistas ingleses do século XVIII descobriram essa possibilidade sedutora e difícil, dando ocasionais piscadelas ao leitor, ela virou moda e a mania foi usada à exaustão. Raramente com o viço irreverente empregado por Sterne e Fielding quando a criaram, é bom lembrar. Mas a posterior tendência a transformar esse recurso em clichê não impediu que aqui mesmo, nesta cidade, Machado de Assis elevasse esse procedimento à categoria de obra-prima, transformando-o num dos traços mais típicos e deliciosos de seu estilo. (Machado, 1999: 19)

Se a evocação do escritor norte-americano no trecho citado é tão discreta, ou vaga, de modo que a percepção pode ser forçada, pode-se argumentar que Henry James estava presente com força no horizonte da escritora, em passagem em que ela recomenda veementemente a leitura desse escritor ao jovem redator com quem estabelece relações de amizade. As explicações sobre as vantagens dessa leitura estendem-se por quase duas páginas, referindo a temáticas de alguns contos específicos que podem servir aos interesses de seu ouvinte e, mais do que isso, salientando as qualidades de sua escrita e seu poder narrativo.

A condição de leitores de Bia e Virgílio pontua as conversas do par. Limito-me à citação de duas passagens, citando a produção de séculos diferentes e autores díspares quanto à posição no cânone ocidental, ou melhor, quanto à representatividade, ao prestígio de que gozam no mundo das letras. Em diálogo registrado no formato de *script*, ela relata reunião de que ele não participou:

> BIA – Não perdeu grande coisa. Casal se apaixona e se casa, vive aparentemente muito bem, convivendo muito de perto com um grande amigo dele. Aos poucos o marido vai sendo levado a desconfiar da mulher, transformando em indícios de traição todos os pequenos acontecimentos do cotidiano. Nada de muito original, já vi esse filme...
> VIRGÍLIO – *Otelo*?
> BIA – Ou *Dom Casmurro*. (Machado, 1999: 23)

Seguem-se comentários sobre tragédia e sobre o repertório de leituras de ambos, brincando com a condição de cozinheiro e de turista letrados. Mais adiante, em outro registro discursivo, em uma fala dele sobre a rua do Ouvidor, aparece o eco de Alencar:

> De vez em quando, passava um tílburi ou uma vitória, damas elegantes desciam e entravam em refinadíssimas lojas de moda, homens aproveitavam para lançar olhares suspirosos a um pedacinho de pé coberto por botinas abotoadinhas, entrevisto pelo meio do frufru dos tafetás... (Machado, 1999: 52-53)

Ao leitor brasileiro é inevitável lembrar a fixação alencariana pelos pés femininos. A metalinguagem e a metaficção são uma constante, repercutindo também no jogo entre muitos registros discursivos, variedade que as passagens citadas não chegam a dar conta, pontuados por comentários que dizem do caráter inventado desse enredo, dessas personagens do presente.

A indistinção entre a ficção e a realidade é teorizada no jogo entre Lina e Bia. Em capítulo que se inicia evocando Virginia Woolf, ao lembrar os "livros que continuam uns aos outros" (Machado, 1999: 185), segue-se longa discussão sobre o tema, afirmando que Bia, como as demais personagens, é inventada. Esta, depois de ler a carta a Sancha, conclui:

> — Capitu? Meu Deus!
> E em seguida:
> — Lina é Capitu? Não acredito! Não é possível!
> Imediatamente, completou para si mesma:
> "Mas faz o maior sentido, claro. E eu já devia ter percebido."
> Logo se corrigiu:
> "Mas como é que podia desconfiar? Ela não existe... É só um personagem inventado. Todos eles são inventados, pura ficção."
> Ficção ou não, estava em suas mãos a carta. (Machado, 1999: 196. Aspas do original.)

A escritora Ana Maria Machado completa o quarteto de mulheres ousadas. Não só ousou dar continuidade à vida de Capitu, como potencializou a ousadia borrando distinções, autorizando-nos a colocá-la também nesse universo em que a audácia permite inversões e fusões.

Referências bibliográficas

ASSIS, Joaquim Machado de. *Dom Casmurro*. Rio de Janeiro: Garnier Livreiro Editor, 1899. Diponível em: https://digital.bbm.usp.br/view/?45000018559&bbm/4828#page/6/mode/2up. Acesso em: 7 jun. 2024.

GENETTE, Gerard. *Palimpsestes*: *la littérature au second degré*. Paris: Éditions du Seuil, 1982.

HUTCHEON, Linda. *Uma teoria da paródia*. Lisboa: Edições 70, 1989.

MACHADO, Ana Maria. *A audácia dessa mulher*. Rio de Janeiro: Nova Fronteira, 1999.

MARANHÃO, Haroldo. *Memorial do fim: a morte de Machado de Assis*. São Paulo: Marco Zero, 1991.

MARTINS, José Endoença. *Enquanto isso em Dom Casmurro*. Florianópolis: Paralelo 27, 1993.

PROENÇA FILHO, Domício. *Capitu: memórias póstumas*. Rio de Janeiro: Artium, 1998.

SABINO, Fernando. *Amor de Capitu*. São Paulo: Ática, 1999.

As funções de contar em *Palavra de honra*

María Isabel López Martínez
Universidade de Extremadura

1 Introdução

Nas páginas iniciais de *Introdução à análise estrutural do relato* (1970), Roland Barthes ressalta a onipresença social da atividade de contar e seu apoio em distintos suportes (oralidade, imagem).[1] Também se referia às suas numerosas articulações, entre as quais ele separa a literatura, com seu amplo desobramento de gêneros. Além disso, sublinhava que o relato "está ali, como a vida", presente em todos os tempos e povos, aduzindo, em suma, seu caráter internacional, trans-histórico e transcultural.

Ana Maria Machado, que durante sua estada na École Pratique des Hautes Études, em Paris, seguiu os cursos do semiólogo francês, adota a tese da primazia do relato e a aplica em sua própria criação. É bem conhecido seu cultivo de diferentes gêneros, que vão desde a literatura infantil até o romance (com desenvolvimento de espécies de variada índole), passando pelo jornalismo, pela pesquisa científica e pela difusão cultural, especialmente no âmbito do fomento à leitura.

Como consequência, não é de se estranhar que no romance *Palavra de honra* (2005) a atividade de contar se converta num dos motivos centrais, interligando-se com outros temas importantes, como a memória, a vergonha e a honra. Nessa obra, o feito de contar não se restringe somente à necessidade intrínseca de todo romance, mas também constitui um *motivo* metaliterário ao mesmo tempo

---

1 Este trabalho foi escrito com o auxílio do GIR "ELBA" (Estudios de Literatura Brasileña Avanzados), dirigido por Ascensión Rivas Hernández na Universidade de Salamanca.

que abriga uma reflexão sobre a relevância de contar, oralmente ou por escrito. Essa atividade desdobra-se em várias funções que atuam em diferentes níveis narrativos: a estrutura do romance, que utiliza narradores e narratários organizados em uma configuração de "caixas chinesas", o que tem implicações no tempo; o avançar da trama por meio de elementos que favorecem um clímax; a construção de personagens que delimitam sua identidade quando contam; a reflexão metaliterária; a elaboração de características da *elocutio*, especialmente através de metáforas etc. Tudo isso se alberga na aparente simplicidade de um relato com traços de *bildungsroman*, que também desenvolve algumas características das sagas familiares, como a proeminência da casa – constituída como "cronotopo bakhtiniano" – e o esplendor e a queda do protagonista.

2 Vozes e estrutura do romance

Segundo a terminologia de Todorov, a *história* ou argumento de *Palavra de honra* se centra na vida de um imigrante, José Almada, desde sua infância numa aldeia pobre do norte de Portugal até sua morte na cidade brasileira de Petrópolis, como patriarca já arruinado de uma numerosa família. Esse relato primeiro se imbrica num *discurso* em que o narrador em terceira pessoa adota um multiperspectivismo ao filtrar os feitos através de distintas personagens. Em primeira instância, colocam-se dois fundamentais: o próprio José Almada, que rememora seu passado, e sua tataraneta Letícia, que sente o impulso de escrever e medita sobre isso. São esses dois polos que organizam o tempo e a estrutura do romance, influenciando o desenvolvimento e a função de outras personagens.

No entorno de José Almada gravitam sua infância e adolescência em Portugal (que aparecem tanto em cenas do presente quanto como memórias evocadas), além do périplo existencial pelo país de acolhida. Já no entorno de Letícia, nascida no Brasil, desenrola-se um tempo muito posterior, no qual se consumou (e se consumiu) a existência do patriarca e a ruína, sem o esperado desmembramento famíliar, traço que rompe as expectativas do final das tradicionais sagas, do tipo a que pertence *O leopardo,* de Lampedusa, *Os Buddenbrooks*, de Thomas Mann, e, chegando mais perto de nós, *Cem anos de solidão*, de Gabriel García Márquez. A chave para explicar essa mudança de direção se encontra no sentido crucial do romance, em sua mensagem última, que o título já antecipa: a "palavra de honra", a honradez como reflexo da dignidade que se transmite de pais para filhos, testemunho imperecível e herança ética suprema. A perda dos bens materiais obtidos ao longo de uma vida de sacrifícios não supõe um fracasso para José Almada, e sim tanto uma redenção pessoal quanto uma vitória, porque sempre foi fiel à sua palavra e, por isso, o previsível empobrecimento não o leva a renunciar aos fundamentos morais herdados.

Durante o processo final de composição de *Palavra de honra*, Ana Maria Machado confessou numa entrevista o cruzamento das duas linhas semânticas que orientam o relato: "a imigração portuguesa no Brasil, o encontro dessas duas culturas. Mas, como a história foi tomando um rumo ético, "ficou um livro sobre contrastes de alguns valores que estão se perdendo na sociedade – ética, noção de honra, de ter palavra, ter vergonha" (Lobato, 2004). No entanto, a autora rechaça abertamente a denominada "literatura dirigida" nestes termos: "Não tenho compromisso com mensagem. Meu objetivo é contar uma história. Isso significa transmitir uma perplexidade, uma procura de sentido, perguntas e dúvidas" (Lobato, 2004).

Os níveis do relato se sobrepõem e proliferam narradores adjuntos que, com suas apreciações, dão forma ao argumento e constituem as bases funcionais da criação do elenco de personagens.

Dessa maneira, no plano de referência de José Almada surgem o tio Adelino, viajante por esses mares de Deus, que volta para a aldeia lusitana e conta suas aventuras, despertando o desejo do menino José de buscar fortuna oceano afora. Também se desenha Vicente, o conterrâneo português com negócios em Petrópolis que ali socorre o jovem Almada. Por outro lado, dentro da família que o imigrante forma, e tomando como referência o polo de Letícia, destacam-se, entre outros, a avó Maria da Glória, a neta preferida de José Almada e primeiro canal para transmitir a história familiar; a tia Doralite, filha rebelde de José, que é resgatada da quase indigência por suas sobrinhas-netas e que se torna uma testemunha muito particular do passado; e Ângela, a irmã de Letícia, que ajuda a anciã, proporcionando-lhe os meios terapêuticos da arte e da escrita para superar seus problemas.

Nesse romance, definitivamente se notam estratos narrativos sobrepostos que, pertencentes a distintas categorias (personagens, tempos, espaços), se entrecruzam. Com ressonâncias da teoria saussuriana das relações paradigmáticas e sintagmáticas, e também da função poética definida por Jakobson através dos eixos de seleção e combinação, já advertia Barthes quanto ao relato:

> Qualquer que seja o número de níveis que se proponham e qualquer que seja a definição que a eles se dê, não se pode duvidar que o relato é uma hierarquia de instâncias. Compreender um relato não é seguir o desentranhar-se da história, é também reconhecer os *níveis*, projetar os encadeamentos horizontais do fio narrativo sobre um eixo implicitamente vertical. (1970: 15)

Do ponto de vista da construção, *Palavra de honra* se destaca porque os encadeamentos se realizam a partir da atividade de contar, que constitui o ponto de partida para todas as conexões e desenvolvimento.

3 A função de contar como ferramenta para forjar personagens

3.1 José Almada e os seres que gravitam em torno dele

A função estrutural do protagonista tem relação com sua implicação na organização do tempo do relato e com o valor do motivo da recordação e a necessidade de transmiti-la. O romance começa com José Almada recluso em seu quarto, esperando pela morte. Embora ele acreditasse que morreria aos sessenta anos, o fato tardou três décadas mais. Então, ele evoca seu passado, sobretudo a infância portuguesa. Com ecos do *topos* da *vita flumen*, a frase inaugural é: "Enganado pela morte, o velho Almada iria passar anos e anos contemplando na parede do quarto a memória das águas daquele riachinho a se espreguiçar por entre as pedras" (2009: 9). O dormitório é uma metonímia da casa, um cronotopo que aglutina a família e que, nos romances de decadência dos sucessivos ramos que seguem ao ramo fundacional, constitui um símbolo das gerações. Em alguns casos, como em *La casa*, de Manuel Mujica Lainez, esse espaço chega a se personificar, tornando-se uma narradora protagonista.

Em *Palavra de honra* se produz um ir e vir do passado ao futuro, num jogo de analepses e prolepses. Esse fluxo temporal, centrado no protagonista, que está isolado em seu quarto e estático como um eixo, proporcionam uma fusão cronológica pela potência da recordação: "Tudo ainda tinha uma presença latente em seus dias" (2009: 33). Paradoxalmente, a memória não está isenta de lacunas. Um caso de prolepse de sabor "garcia-marquiano" surge quando José Almada tenciona reproduzir os acontecimentos prévios à sua partida de Portugal para o Brasil:

> Muito mais de meio século depois, quando procurava lembrar-se dos meses que se seguiram, o velho Almada não conseguia distinguir nada direito, como se naqueles dias houvesse acontecido mais coisas do que em todos os doze anos anteriores. (2009: 25)

A recordação é crucial pois, ao ser contada, se transforma na via de transmissão de um ensinamento moral com implicações práticas: a noção de honradez que o jovem José Almada recebe de seu pai e à qual será fiel (o que provocará o desenlace do romance). Na primeira parte, o narrador, com um discurso indireto livre que reproduz as palavras paternas evocadas pelo filho viajante e gradativamente com intervenção direta, constata:

> Não se esquecia de nada. Tinha uma bagagem de lembranças concretas. Porém, mais que tudo, carregava para sempre a marca funda das recomendações finais que ouvira, numa conversa séria na última noite em casa. O pai reunira os três filhos mais velhos como numa cerimônia sagração, consolidando a entrada de José no mundo adulto masculino. Com ar solene, resumira o equipamento moral de que os dotara até então e com o qual agora deixava o futuro viajante cruzar o oceano. A bagagem que o acompanharia por todos os anos à sua frente. Tudo o que compunha um homem de bem. Ter palavra. Viver com dignidade. Ser honrado. Trabalhador. Reto. Íntegro.
> — É a única herança que tenho para deixar-te, meu filho. Mas nenhum bem poderá ser mais precioso.
> Na partida, novas lembranças vieram se somar às que já armazenava e que iriam alimentá-lo pela vida afora. (2009: 33)

Esses ensinamentos morais são transmitidos durante o relato e também nas cenas costumbristas, que abundam no romance, com traços de mera ambientação, emergindo na importância do contar. Assim, quando o jovem José desembarca pela primeira vez no Rio de Janeiro e é acolhido por uma família de confeiteiros que se compadece de seu desamparo, surge a primeira nota da etopeia dos brasileiros: a propensão a escutar relatos. Esse motivo, embora possa parecer fútil e meramente catalisador, é central para a narrativa, pois propicia um avanço narrativo ao provocar a comiseração de Dona Olímpia, que oferece alojamento e também trabalho ao recém-chegado:

> José descobrira, então, que os brasileiros eram muito hospitaleiros, abriam suas portas e tinham sempre convidados à mesa. Além disso, gostavam de conversar com alguém que tivesse acabado de chegar da Europa. Fizeram inúmeras perguntas ao menino e, quando a dona da casa ouviu sua história, ficou com pena de vê-lo tão sozinho numa terra estranha. (2009: 47)

Outro aspecto que vale destacar, vinculado à função de narrar e à construção de personagens, é a relevância conferida à linguagem, porque a palavra constata a existência dos feitos e é instrumento para perdurar. Por isso, o velho Almada pede a sua neta Glória – personagem de diálogo e transmissora de chaves vitais – que o chame por seu nome de batismo:

> Toda essa conversa sobre Portugal e a aldeia me fez perceber que em algum ponto, lá no fundo, ainda há um miúdo em mim. Não quero que se perca. Se o chamas, ele não morre antes que eu me vá deste mundo. (2009: 68)

Páginas depois, a vinculação entre o ato de dar nome, a memória e a coisa em si se torna diáfana. Isso fica evidente quando José Almada elege o nome próprio para a filha (2009: 123), conferindo a ela sua identidade social e pertencimento familiar: "Retribuiu e comunicou a ela [a sua esposa Alaíde] o nome que escolhera para a filha. Recuperava algo de sua autoridade. Deu-se conta de seu poder bíblico, de nomear e ordenar" (2009: 91).

Muito ligado a José Almada se encontra o tio Adelino, personagem de gênese folclórica e da tradição literária, que representa o aventureiro capaz de pular os muros espaciais de sua origem para explorar outros territórios. Quando volta para a aldeia portuguesa natal, atraído pela nostalgia que lhe provoca ouvir o idioma da infância – observe-se o poder que a autora confere à língua materna –, serve de conector do externo (o mundo distante) e o interno (o esquecido na cidade) através de um feito capital: relata o que foi visto e experimentado fora, função consubstancial à figura do viajante. Suas referências aos avanços tecnológicos da Revolução Industrial do século XIX (a iluminação das cidades europeias, o trem, o telégrafo) e às mudanças políticas (a unificação italiana, a Comuna de Paris) proporcionam a dimensão histórica geral ao romance (Barbosa da Silva, 2013) e imbricam o discurso histórico com o ficcional, característica frequente na produção de Ana Maria Machado (Vieira, 2013).

Adelino abriga os sentimentos contraditórios próprios do deslocado que vive entre culturas diversas sem arraigar-se em nenhuma (Edward Said *dixit*). No isomorfismo entre o todo e as partes, fundamental para a coerência do relato e anel desse encadeamento que sublinhava Roland Barthes, o tio Adelino é um modelo para alguns aldeões e em especial para o menino José Almada, que deseja igualmente fazer fortuna saindo de seu enclave originário e, posteriormente, contará sua própria história, ainda que num espaço inverso, porque rememorará a partir do Brasil os anos vividos em Portugal.

O tio Adelino é, portanto, uma espécie de personagem antecipatório, ainda que o paralelismo com José Almada não seja completo. Ele se manifesta também de outra maneira: anuncia que voltará à aldeia porque "Deu-me uma *corazonada*" (2009: 16). O jogo com o sentido literal do termo original em espanhol *corazonada* – segundo a definição do tio Adelino, "decisões repentinas que se impoẽm subitamente e com as quais não se pode discutir. Talvez vindas do nada, com certeza brotadas do coração" (2009: 17) – e a interpretação em português dada pelo menino José (*coração-nada*) é um indício do final da obra e da atitude do velho e rico José cumprindo a palavra dada, a *palavra de honra*.

Em ondas concêntricas em relação às gerações de parentesco, Adelino remete a Bruno, o pai de Letícia – também grande aficcionado pelo mar –, que viajou a Portugal para conhecer as origens familiares numa visita kafkiana frustrada pelos obstáculos burocráticos que o impediram de sair do aeroporto de Lisboa. Para aliviar o descontentamento, ele se aferra ao feito de contar, mecanismo empregado pela autora de modo a conduzir à ideologia, para, concretamente, condenar os sistemas políticos ditatoriais e seus prolongamentos, nesse caso o português (em outros, como em *Tropical sol da liberdade*, a ditadura brasileira). Lemos:

> De volta, ao contar a história, dava vazão à frustração e à raiva, fazia discurso:
> — Não tem democracia contra funcionário de imigração. Com eles, é sempre ditadura. O poder que eles têm é total, final. Resolvem e pronto. Não precisam prestar contas a ninguém. É só o sujeito cismar com a sua cara e você está ferrado. Você não tem a quem recorrer, não adianta argumentar. Ele apresenta o caso para si mesmo, interpreta, julga, condena, executa, tudo em um minuto. Não tem recurso possível, não tem justiça nenhuma. (2009: 77)

A capacidade narrativa do tio Adelino tem consequências estruturais porque, concebido como personagem coadjuvante – ou *actante*, na terminologia de Greimas –, e não como ser, meramente, ostenta a função barthesiana cardinal ou nuclear à medida que conduz para um nó do relato e provoca um avanço da trama:

seguindo seu exemplo, José Almada viajará para o Brasil e ali desenvolverá sua existência.

A técnica de Ana Maria Machado para introduzir os relatos por meio dessa personagem é similar à "cervantina" do estalajadeiro, que lê num espaço limitado diante de um pequeno auditório, e à "boccacciana" do nobre que conta e o restante das pessoas escuta, mas sem intercâmbio na linha emissor-receptor. Recuperando também um costume ancestral, anota a autora: "Nas poucas semanas que [Adelino] passou na aldeia, entre duas viagens, mudou os hábitos de todos. Para ouvi-lo, vinham parentes e vizinhos reunir-se à noite, ou aos domingos, em torno à mesa tosca" (2009: 13). Rotulam-no como "fantástico narrador" (2009: 16) e temem que, com sua partida, eles sejam privados "das doses diárias de aventuras das quais se tornavam cada vez mais dependentes" (2009: 16). Com algumas variações, a citada técnica se repete com Vicente, o conterrâneo que antes havia emigrado para o Brasil e aberto no país uma loja de ferragens onde José começaria a trabalhar. As mudanças são cifradas e a comunicação não se realiza ao vivo, e sim através das cartas enviadas e lidas pelo padre em diferentes casas da aldeia, outro elemento costumbrista com função estrutural. Escreve Ana Maria Machado que, diante do embarque de Vicente:

> Levou tempos sem dar notícias. Depois contou que tinha aberto uma pequena loja de ferragens no interior do estado do Rio de Janeiro. Numa cidade pequena e nova, fundada pelo próprio imperador. Nas cartas esparsas, que o cura lia em voz alta para a família de Vicente – e depois relia ao pé do lume de cada casa em noites sucessivas que os pais do rapaz as conseguiam repetir de cor –, ficaram todos sabendo também que o jovem se casara com uma brasileira. (2009: 23)

A personagem Vicente antecipa também os direcionamentos vitais do protagonista: negócio próspero e matrimônio com uma mulher brasileira, o que pressupõe fundar uma família na América e aí enraizar-se. Ana Maria Machado aborda a necessidade primária que o ser humano tem de receber relatos, valorizando, ao mesmo tempo, a atividade de contar.

3.2 Letícia, a construção da personagem e suas conexões

Como indicamos, Letícia, tataraneta de José Almada, conhece os eventos da vida de seu ancestral apenas por relatos ouvidos, ou seja, filtrados pela linguagem. Isso confirma a visão da família como via de transmissão de costumes e valores. Sua principal função é a da cronista que realiza o registro dos feitos para garantir a sua permanência através da letra escrita (*verba volant scripta manent*). Assim, Letícia se alinha a um tipo frequente em outras obras de Ana Maria Machado, com ressonâncias biográficas: a mulher que se sente impelida a escrever, a relatar o ocorrido e a refletir sobre a escrita. Outras personagens que têm características do mesmo tipo são Bel, em *Bisa Bia, bisa Bel*, Liana, em *O mar nunca transborda*, e Bia, em *A audácia dessa mulher*. Creio que confluem especialmente em Lena, de *Tropical sol da liberdade*, personagem que tem um avô português que narrava histórias, coisas que haviam acontecido de verdade, e uma avó materna que costumava contar histórias à noite. Lena, como Letícia, desenvolveu a paixão pela leitura desde a infância, um fascínio que, em uma entrevista, Ana Maria Machado confessou compartilhar: "Aprendi a ler antes dos 5 anos. [...]. Na escola e em casa, estava sempre rodeada de amigos que também gostavam de curtir a vida tendo bons livros ao seu lado" (Gurgel, 2010).

A reflexão de Lena sobre o feito de contar acolhe aspectos presentes também em *Palavra de honra*, como os limites entre a ficção e a realidade na escrita (Machado, 2013: 35 e 45); sua função terapêutica de tom psicanalítico ou "ganas de traduzir com palavras o olho do furacão pessoal de quem escreve" (Machado, 2013: 38);

a constatação do processo narrativo com suas dúvidas e acertos; a escolha e o desenho de personagens (Machado, 2013: 41); o "prazer da palavra", como construção e refúgio pessoal e social (Machado, 2013: 45); o conceito teórico de que "um texto pode ser infinito, uma leitura sempre nova e única" (Machado, 2013: 88).

No plano moral, Lena também recebeu os lemas "Não mentir. Não enganar. Não fingir" e os de dignidade: a "grandeza moral" como "única medida" e "ponto de referência para uma pessoa" (Machado, 2013: 107); além disso, o valor da memória como testemunho (Machado, 2013: 141). Do ponto de vista estrutural, a personagem Lena em *Tropical sol da liberdade* é o fio que, através do relato de sua vida, dá sustentação à obra e permite a manifestação de uma ideologia que tem, como máxima, a luta contra os sistemas autoritários, representados na obra pela ditadura brasileira. No entanto, em *Palavra de honra*, a personagem Letícia não polariza a ideologia, somente transmite conceitos morais.

Letícia confessa seu afã pela leitura: "Estou sempre lendo" (2009: 28). Ao escolher sua profissão – opta por estudar Psicologia –, leva em conta os conselhos de seu pai, seguindo uma tradição de respeito filial semelhante à de seu tataravô Almada. Seu pai sugere-lhe que estude algo que a apaixone e que esteja "ligado ao mar ou às histórias" (2009: 28), refletindo facetas presentes na vida do emigrante. Meditando sobre a escrita, Letícia associa o ato de contar histórias à sua essência pessoal, e confessa: "Eu achava que ouvir e contar histórias fosse tão natural como respirar, que todo mundo fosse assim" (2009: 28). Letícia é emissora e transmissora de relatos – num encaixe de caixas chinesas com outras figuras do romance –, e ademais demonstra grande capacidade de escutar histórias, com a consequência que disso deriva: escolher a Psicologia como profissão "para poder passar o resto da vida ouvindo histórias" (2009: 29). Assim como Lena em *Tropical sol da liberdade*, Letícia serve como canal através do qual Ana Maria Machado verte sua teoria literária, centrada na ideia de que a escrita livre do romance não se acomoda a uma estrutura previamente traçada, "sem compromisso com nada" e sem "arcabouço teórico sustentando" (2009: 30), ainda que, na prática, esses três elementos confluam. Letícia reflete:

> Acho que fiquei saturada de viver metida em coleções de narrativas com objetivos práticos. Agora fico querendo outras histórias. Mais soltas. Sem compromisso. Gratuitas. Se é que isso existe, ainda mais para quem tem a deformação de estar sempre procurando significados e sentidos ocultos. Mas, de qualquer forma, histórias que não precisam se encaminhar para nada, não têm intenções, não pretendem provar coisa alguma nem apontar soluções. Flutuam. Pairam, à deriva. Podem ir de um lado para o outro, ao sabor do desejo e do improviso. Recuperam a liberdade essencial que todo relato natural deve ter. (2009: 45)

Em várias entrevistas, Ana Maria Machado se pronuncia nesse mesmo sentido, mas acrescenta a imprescindível *labor limae*: "Escrevo espontaneamente, num impulso. Depois eu volto ao que escrevi com um trabalho consciente de elaboração do texto" (Gurgel, 2010).

Outra linha mestra que guia a autora é a capacidade da linguagem de criar um mundo paralelo (2009: 39) com diversas finalidades, entre as quais se destacam: o autorreconhecimento do falante e a escrita como terapia. Esses aspectos são projetados em outra personagem, a tia Doralite. Letícia, personagem fictícia, em uma abordagem quixotesca, diferencia esse mundo paralelo do mundo real, fora da escrita (2009: 46). No que diz respeito ao poder terapêutico da palavra, ela enfatiza o efeito curativo de contar oralmente relatos, mas não de forma unilateral, e sim com um receptor que seja também emissor, conforme uma técnica psicológica que denomina "terapia breve" (2009: 43).

Aparentemente, a uniteralidade típica das mensagens ficcionais é rompida por meio de falsos diálogos, nos quais os mundos paralelos agem sobre os reais, ainda que tudo isso seja um exemplo, pois trata-se de uma sequência de um romance, de reflexões de uma personagem de papel. Em outro momento da obra, Letícia, com pressupostos freudianos Letícia, relaciona a terapia psicológica baseada em contar com o conceito de culpa e vergonha, que se conectam com o tema central do livro: a defesa da dignidade humana. Portanto, a digressão de Letícia assume uma função estrutural no romance. No papel de figura de conexão com outras personagens-chave – pois é a narradora –, Letícia se centra em sua avó Glorinha e em seus "maravilhosos dotes narrativos" (2009: 119). Maria da Glória, neta predileta de José Almada, visitava-o constantemente enquanto ele se encontrava recluso em seu quarto esperando a morte, assim como José Arcadio Buendía no pátio da casa de Macondo, e ambos contavam. Por esse motivo, Letícia tinha um "repertório das histórias que a pequena Maria da Glória ouvira do avô em suas visitas diárias ao velho quando era pequena" (2009: 105). A menina contava ao avô os pequenos acontecimentos de sua vida diária, e o avô narrava suas recordações, especialmente as de sua aldeia natal portuguesa e os avatares da viagem transatlântica, de modo que a procedência identitária não se diluiu através das sucessivas gerações. Porém, o que um dia foi realidade, ao ser narrado toma matizes ficcionais (novamente ficção dentro da ficção) e, a partir disso, Ana Maria Machado desdobra imagens do *theatrum mundi* ao descrever os encontros entre avô e neta, sobretudo nas despedidas: "Os dois se abraçavam. Fim da cena bem ensaiada" (2009: 20).

Quando mais velha, Maria da Glória assume outro papel teatral, o de mensageira que comunica o sucedido fora da cena, neste caso, no mundo exterior ao quarto de Almada. Assim ocorre quando ela e outros membros do clã decidem viajar a Portugal para conhecer as origens familiares, e ela tenta convencer o ancião a acompanhá-los, ao que ele se nega e responde: "Na volta tu me contas o que viste. Se mudou, não me interessa. Se não mudou, já sei bem como é" (2009: 66). Dessa forma, reforça-se a ideia da memória como desenhadora de uma visão de mundo, num nível de importância paralelo às experiências e percepções diretas. Esse pressuposto tem grande difusão no pensamento literário de Ana Maria Machado, posto que a literatura é uma forma de fixar a memória.

Maria da Glória é um elo importante na cadeia que transmite a crônica familiar, especialmente a um outro anel dela, Letícia, que afirma:

> Quando vovó Glorinha era viva, eu era sua ouvinte mais constante, insaciável em minha curiosidade sobre a família e tudo de antigamente. Fazia com que ela me repetisse sempre as suas lembranças e o que os outros lhe tinham contado. (2009: 29)

Para Ana Maria Machado, uma história é receptáculo de outra, porque, ao ser contado, o real se faz ficção, e cada interlocutor conta à sua maneira. A transmissão assume uma imagem fluvial, com ênfase na continuidade: "Como as águas do rio, correndo serenas e saltando por entre as pedras, a narrativa seguia em frente" (2009: 156). Os acontecimentos chegam a Glória, ao tio Gilberto, a Letícia e a outras crianças do clã como se fossem um conto, narrado em terceira pessoa e com as fórmulas introdutórias do folclore: "Há muito tempo, muito longe daqui, num belo país do outro lado do mar, vivia um menino chamado José..." (2009: 187). A ficção filtra os acontecimentos e quebra as fronteiras com a realidade, motivo recorrente no pensamento de Ana Maria Machado, para quem a verdade – objetivo prioritário – tem muitas portas, segundo constata também em *Tropical sol da liberdade*, além de inumeráveis vias de acesso.

Entre os episódios mais contados por Glorinha estava a anedota sobre o presidente da República do Brasil pedindo ao jovem José Almada que lhe entregasse uma pequena moeda que faltava na conta da compra. José Almada, embora soubesse que já havia entregado a quantia, atendeu ao pedido. Mais tarde, o dignatário reconheceu o erro e devolveu a moeda, demonstrando a integridade de ambos. De novo, a mensagem ética é o propulsor da história e, do ponto de vista construtivo, confere coerência às digressões sobre a vergonha que desenvolve Letícia, ouvinte ávida (2009: 186), às vezes com voos ensaísticos que propiciam a mistura de gêneros literários apreciados pela autora, que, como Bakhtin, considera o romance um gênero aberto por excelência, próprio do "ofício sem metro" de que falava Pío Baroja.

Mara Lúcia Barbosa da Silva apontou que, atendendo a essas necessidades de narração dos personagens, "percebemos a constituição de uma memória individual, afetiva, da família Almada, e uma memória de caráter coletivo, dos Almadas brasileiros, ambas ligadas de modo intrínseco" (2013: 108). Apoiando-se em Halbwachs (2006: 64-69), Barbosa da Silva sinaliza que a memória individual é sempre parte da coletiva, porque todas as ideias, reflexões, os sentimentos e paixões que atribuímos a um indivíduo são inspirados pelo grupo de que o sujeito é apenas um eco (Barbosa da Silva, 2013: 106-108). A meu ver, essa teoria peca por determinismo, afinal também ocorre o movimento inverso, pois a literatura – ou a poética segundo os pressupostos de Aristóteles – também leva à transcendência e à generalização dos avatares concretos.

Dentro das conexões de Letícia, destaca-se a velha tia Doralite, a filha mais nova e rebelde de José Almada. Após uma vida independente, Doralite volta ao núcleo familiar em dificuldades financeiras, e família decide ajudá-la, em especial Ângela. Letícia sempre esperava que Ângela chegasse "cheia de histórias para contar" (2009: 58). Doralite, fonte complementar de memórias familiares, sobretudo da primeira etapa brasileira da família, demonstra que Ana Maria Machado foge de uma narrativa linear, afetando o traçado cronológico do relato. Aludindo às diretrizes éticas da família, Letícia apela ao dever de socorrer Doralite, porque sua memória "situava a todos nós numa linhagem de obrigação, forçados a dar continuidade ao mesmo comportamento digno e solidário" (2009: 87).

As palavras da anciã, derramadas em seus diários – terapia pessoal, instrumento para recuperar sua memória – surpreendentemente tratam de minúcias (2009: 198), rompendo o horizonte de expectativas do leitor, que espera por grandes revelações. Essas palavras são como simples notas musicais que emanam de seu teclado e a conectam com outro personagem, Maria da Glória e sua caixa de música, objeto que a vinculava ao avô Almada, recluso em seu quarto. São, portanto, fios que alinhavam as peças da história, elementos descritivos pertencentes a diversos sentidos que conferem plasticidade à narração e se convertem em símbolos às vezes premonitórios[2]. Doralite desconstrói a imagem da família perfeita ao mencionar a indiferença dos pais em relação a ela, ainda que sempre defenda os princípios morais do patriarca (Barbosa da Silva, 2013: 106-107).

4 A elaboração de traços da *elocutio* especialmente através de metáforas

Dado que a atividade de contar histórias é crucial no romance, o verbo "contar" e seus sinônimos são frequentemente repetidos,

---

2   Segundo Zilberman, o caderno de Dora desempenha um papel exponencial na obra por ser um documento escrito que possui validade de arquivo e ata dois pontos distintos do tempo: o mais remoto, representado por seu pai, José Almada, e o representado por Letícia (Zilberman, 2017: 193). Fala de outros documentos do passado que multiplicam o discurso polifônico, como são a caixa de música de Maria da Glória e o piano de Dora (2017: 194).

destacando o impulso metafórico que isso gera, muitas vezes ligado ao desenvolvimento das personagens. Tudo isso ocorre numa obra na qual se prima pela simplicidade expressiva, num estilo bastante enxuto, que descarta floreios. Por exemplo, destaca a imagem que iguala o processo criativo do romance ao trabalho num laboratório. A princípio Letícia sente-se inclinada a estudar Biologia. Depois, ao escolher por fim o consultório psicológico, acredita que a diferença entre as duas áreas não é tão grande assim, e a mesma sensação tem em relação à escrita. Anota:

> Achei que ia ficar a vida toda num laboratório, passei para um consultório. E agora me meto a escrever. Mas não deixa de ser parecido. Continuo me dedicando a fragmentos. Lâminas no microscópio. Sintomas do paciente. Palavras. Tudo uma amostra. Só faz sentido quando a gente interpreta. Em relação a algo maior. (2009: 27)

Outra das metáforas da escrita é o bordado, com ecos audíveis do mito de Penélope. Ana Maria Machado (2003) explora amplamente o sentido dessa imagem em sua conferência "O Tao da teia – sobre textos e têxteis", muito próxima, cronologicamente, da composição de *Palavra de honra*. Letícia combina essa metáfora com a do labirinto, o que sugere as dificuldades do discurso, e anota:

> Experimentar meu próprio relato. Literalmente, sem metáfora. Uma palavra depois da outra, bordando o papel ponto a ponto, como vovó Glorinha bordava as toalhas. Mas sem risco nem plano. Muito mais arriscado. Então, nesse plano corro o risco. As palavras brincam comigo e cintilam sua ambiguidade que plana ao meu redor. Riscos e planos: garantia prévia ou sintoma do labirinto? (2009: 30)

Quando informam Letícia sobre as peripécias para encontrar a velha tia Doralite, desvalida num hotel, ela expressa: "Eu ouvia aquela conversa toda como se estivesse assistindo a um filme. Ou a um seriado de televisão, em que conhecia os personagens e quase podia prever suas reações" (2009: 57). Trata-se de uma modulação do *topos* do *theatrum mundi,* que aporta verossimilhança porque, à la García Marquez, aponta que a realidade supera a ficção. As referências à vida-teatro já apareciam quando se narravam as visitas de Maria da Glória ao avô Almada, recluso em sua propriedade.

A metáfora central do romance vincula as palavras de ordem moral impressas na memória e uma bagagem para a vida, ou melhor, "uma bagagem de lembranças concretas" (2009: 33). É esse o fardo com o qual Almada partiu para o Novo Mundo: a herança paterna de dignidade, "uma bagagem, que o acompanharia por todos os anos à sua frente" (2009: 33). Ainda que essa imagem não contenha referências explícitas à ação de contar, elas ali latejam de maneira implícita, porque se trata de uma bagagem imaterial que o camponês português confia ao filho, que vai se trasladar para a América. No romance, as chaves éticas se transmitem pela palavra, de geração em geração, tingindo o relato do compromisso que é consubstancial à produção narrativa da autora, tão distanciada, por outro lado, de rígidos pressupostos ideológicos.

5 Considerações finais

Em *Palavra de honra*, Ana Maria Machado tende à simplicidade elocutiva e a motivos frequentados pela literatura americana, uma vez que constituem algumas das bases da identidade de seus personagens, como a emigração a partir da Europa e a consequente formação de sagas no novo território, a identidade nacional, o desenvolvimento das cidades, a dualidade natureza-civilização... Recorre a personagens com raízes literárias (o viajante que regressa e conta, o empreendedor enriquecido, o cronista, o arrivista...) e a um vaivém entre o passado e o presente, com oscilações de pobreza-riqueza-decadência, ainda que se mostrem mediante o multiperspectivismo. A opção de Ana Maria Machado por esse foco, numa etapa avançada de sua escrita que já adentra o século XXI (2009), não aumenta a experimentação própria de livros anteriores, como *Tropical sol da liberdade* (1988). Em vez disso, ela proporciona uma leitura fluída e acessível, permitindo que os leitores teçam as camadas de vozes que compões o relato. No romance, a simplicidade e clareza do estilo criam um sistema harmônico que enfatiza o valor da palavra como transmissora da memória pessoal e coletiva, especialmente quando ela incorpora princípios éticos que a autora acredita serem fundamentais para a sustentação das pessoas e dos povos.

Referências bibliográficas

BARBOSA DA SILVA, Mara Lúcia. "História e memórias em *Palavra de honra* de Ana Maria Machado". *Revista Eletrônica Literatura e Autoritarismo*, v. 21 (jan./jun.), 99-109, 2013. Disponível em: https://periodicos.ufsm.br/LA/article/view/9615. Acesso em: 27 jun. 2024.

GURGEL, Luiz Henrique. "Ana Maria Machado. Escrevendo como passarinho canta". *Na Ponta do Lápis*, v. VI, 14 jul. 2010.

LOBATO, Eliane. "Conversa de gente grande: Ana Maria Machado". *IstoÉ*, v. 1818, 11 ago. 2004.

MACHADO, Ana Maria. "O Tao da teia – sobre textos e têxteis". *Estudos Avançados*, n. 17, v. 49, 173-197, 2003.

MACHADO, Ana Maria. *Palavra de honra*. Rio de Janeiro: Nova Fronteira, 2005.

MACHADO, Ana Maria. *Tropical sol da liberdade*. Rio de Janeiro: Nova Fronteira, 1988.

VIEIRA, Ilma Socorro Gonçalves. *Relações intertextuais na obra de Ana Maria Machado: ficção e história, teoria e criação literaria*. Doutorado, Universidade Federal de Goiás, Goiânia, 2013.

ZILBERMAN, Regina. "Ana Maria Machado. A audácia de uma escritora". *Fragmentum*. Editora Programa de Pós-Graduação em Letras de Santa Maria, v. 49, 185-196, jan.-jun. 2017.

Uma história toda sua: a personagem feminina e as representações de gênero em *Um mapa todo seu*

Giulia Manera
Universidade da Guiana Francesa

1 Introdução

A contracapa da obra informa o leitor que *Um mapa todo seu* é um romance, o décimo da prolífica carreira literária de Ana Maria Machado: "Um romance instigante que leva o leitor ao final do século XIX" (Machado, 2015). Os protagonistas, Eufrásia Teixeira Leite e Joaquim Nabuco, são duas personagens históricas. Ele é uma das figuras mais marcantes do século XIX no Brasil, símbolo da Abolição; ela é uma "sinhazinha fluminense" (Falci; Melo, 2002: 167) que se torna uma mulher de negócios quando passa a administrar o patrimônio herdado do pai. Como afirma a autora no posfácio *Aos leitores*:

> Os protagonistas desse livro são reais e fazem parte da História do Brasil. Mas esta é apenas uma obra de ficção inspirada em suas vidas. Tomei a liberdade de imaginar cenas, ainda que procurasse jamais agredir a História e, sempre que possível, aproveitar palavras que eles mesmos deixaram registradas. (Machado, 2015: 221)

Mas de qual maneira se estrutura esse diálogo entre a História maiúscula e a ficção, num processo de construção/desconstrução das identidades de gênero e do imaginário do passado?

O presente estudo não pretende analisar a contribuição de Ana Maria Machado à biografia de Eufrásia Teixeira Leite, personagem sobre a qual existem bibliografia e ensaios críticos consideráveis, nem dissecar elementos ficcionais e documentais na trama da obra e nas palavras dos protagonistas[1]. A leitura de *Um mapa todo seu* proposta aqui pretende contribuir à reflexão sobre a interação entre matéria historiográfica e matéria ficcional na construção do imaginário do passado das personagens femininas, tradicionalmente pouco representadas e silenciadas.

2 Uma questão de gênero

A abordagem de gênero é sugerida, antes mesmo da leitura da obra, pelo título que cita implicitamente *Um teto todo seu*, a célebre transcrição das conferências de Virginia Woolf na Universidade de Cambridge, em 1928[2]. A análise de *Um mapa todo seu* confirma plenamente o convite contido no título, revelando a pertinência da categoria de gênero, uma categoria duplamente útil, que não somente questiona a invisibilidade das mulheres na historiografia, colocando no centro da página uma mulher pela qual a História tem se interessado apenas marginalmente, como possibilita uma análise do gênero literário do romance histórico, tradicionalmente considerado mais masculino, em oposição ao romance introspectivo, visto como mais feminino.

Numa entrevista realizada por ocasião desse estudo, Ana Maria Machado afirma que a ideia da palavra "mapa" do título veio de uma sensação muito pessoal:

> [...] de estar entrando num território sem mapa, sem exemplo ou coordenadas confiáveis que me guiassem como mulher

---

1 Para uma análise da construção ficcional a partir dos dados biográficos em *Um mapa todo seu*, mas também em *Mundos de Eufrásia*, de Cláudia Lage (2009), ver o artigo de Marilene Weinhardt citado nas referências bibliográficas.

2 Eufrásia Teixeira Leite faleceu em 1930 e não sabemos se, em suas leituras cosmopolitas, ela chegou a conhecer a obra de Virginia Woolf que trata, entre outras coisas, da importância da independência financeira das mulheres na luta por direitos iguais.

em terras pouco exploradas, tendo que descobrir meus próprios caminhos e arcar com as consequências de por onde eles me levassem.[3]

A autora declara que a personagem de Eufrásia, que traça seu próprio mapa existencial sem orientações prévias e fora dos caminhos marcados, evocou essa sensação e sugeriu o título.

A categoria de gênero sugere, nesse sentido, uma dupla perspectiva de análise, indicando um paralelismo entre a excepcionalidade da personagem Eufrásia e a postura intelectual e a carreira da escritora, questionando o posicionamento e a representação das mulheres no campo literário brasileiro contemporâneo[4].

3 Gênero literário e *gender*

Um mapa todo seu pertence ao gênero romance. Mas que tipo de romance? A obra, que inclui e compreende em si diferentes textos e níveis de escrita, apresenta numerosas possibilidades de leitura. A convivência de diferentes estilos e registros é apontada por Christian Roinat que, num artigo publicado em ocasião

---

3   A citação é extraída de uma entrevista que Ana Maria Machado concedeu a mim em 22 de março de 2021, ainda inédita. O material tornou-se material de trabalho por suas inegáveis indicações na elucidação de aspectos centrais do estudo e pela ausência de outras fontes equivalentes.

4   Como a precursora Eufrásia, o percurso intelectual de Ana Maria Machado, cuja consagração é representada pela eleição na Academia Brasileira de Letras, em 2003, e a sua nomeação à presidência da instituição entre 2012 e 2013, participa da integração de escritoras e intelectuais a espaços materiais e simbólicos tradicionalmente masculinos. Ana Maria Machado é a quinta mulher eleita como imortal na história da instituição, que abriu suas portas às mulheres apenas em 1977, oitenta anos após sua fundação, com a eleição de Rachel de Queiroz, e cujos membros femininos são minoritários até hoje. Sobre isso, recomendamos os trabalhos de Fanini e Venâncio Filho citados nas referências bibliográficas.

do lançamento da edição francesa do livro[5], afirma que o texto poderia ser definido como um "romance histórico", descrevendo o Brasil e a Europa da segunda metade do século XIX. Ou ainda "um romance psicológico", contando os tormentos de duas almas, ou um "romance engajado" sobre a liberdade das mulheres e a luta pela abolição da escravatura, ou um "romance social", ou um "melodrama", contando um amor impossível (Roinat, 2018). A leitura da obra confirma essa intuição e mostra que a autora circula livremente entre diferentes registros narrativos, passando da terceira pessoa em páginas mais didáticas e explicativas, que evocam o ensaio histórico, a capítulos entremeados de diálogos diretos, nos quais a dimensão ficcional prevalece. Por fim, Ana Maria Machado recorre à narração em primeira pessoa para humanizar Zizinha e Quincas e dar voz a seus tormentos amorosos[6]. Os curtos capítulos que estruturam a obra indicam no título a indicação da data e do lugar dos acontecimentos narrados. O conjunto apresenta uma estrutura circular, desde o primeiro capítulo, intitulado "Rio de Janeiro 1873", que descreve o encontro entre as duas personagens, até o último, "Rio de Janeiro 1930", que conta os momentos sucessivos à morte de Eufrásia e o destino da sua fortuna. Mas de que maneira Ana Maria Machado articula esses registros, fazendo a matéria ficcional dialogar com a matéria histórica?

Na análise do processo de construção do passado e de suas representações, a consideração do estatuto narrativo do discurso histórico origina o questionamento de sua relação com a ficção histórica.

---

5 Publicado em 2015 pela Alfaguara, *Um mapa todo seu* foi traduzido ao francês por Claudia Poncioni e Didier Lamaison, com o título *Cap vers la liberté* (Des Femmes, 2018).

6 Se os primeiros sete capítulos são narrados em terceira pessoa, no oitavo a personagem de Eufrásia se expressa em primeira pessoa, confiando a um diário íntimo suas reflexões existenciais. O mesmo recurso é utilizado no 23º capítulo. No capítulo 12, Joaquim Nabuco conta em primeira pessoa suas sensações e projetos.

Nessa perspectiva, é necessário considerar que narração histórica e narração ficcional compartilham não somente as mesmas categorias fundamentais, mas também uma mesma concepção de casualidade, uma mesma maneira de fazer agir suas personagens, de construir uma temporalidade, como afirma Roger Chartier (1998: 15). A partir de uma dimensão narrativa comum entre a escrita historiográfica propriamente dita e a obra literária com vocação histórica – romance, crônica, memorial, biografia –, surge, então, uma dialética essencial entre o factual e o fictício, o histórico e o romanesco (Nora, 2011: 8), dois níveis que nem sempre convivem harmoniosamente nas páginas de *Um mapa todo seu*, em que o respeito à verdade histórica impede, por momentos, a Eufrásia ficcional de encontrar sua voz e o espaço que ela mereceria na economia narrativa. Analisando a literatura que tem por objeto os fenômenos do passado, Judith Lyon-Caen (2019: 30) se pergunta de que maneira a ficção recorre ao saber dos historiadores e o que ela faz do passado. Trata-se de questionamentos que se demonstram particularmente fecundos quando no campo da pesquisa entra uma multiplicidade de sujeitos e objetos tradicionalmente marginalizados pela disciplina histórica, como as mulheres e os relacionamentos de gênero, para citar apenas o argumento que interessa ao estudo de caso aqui apresentado.

Nessa perspectiva, a narração na primeira pessoa e a estrutura memorialística de alguns capítulos da obra se revelam especialmente significativas pois, através do eu, conferem à protagonista não somente a valência de narradora, mas de testemunha e de atriz da história. Com as suas narrações, histórias verossímeis e possíveis, o texto literário consegue preencher um vazio do imaginário criado pela historiografia, tradicionalmente desinteressada do sujeito feminino. Afinal, a ficção com vocação histórica pode propor figurações "outras", anticonvencionais e minoritárias, em ruptura com os padrões do comportamento feminino aceitos pela sociedade da época.

4 Uma precursora

A Eufrásia de Ana Maria Machado é representada como uma precursora[7]. Depois da morte dos pais, ela abandona o Brasil e a segurança da proteção dos tios para se mudar para Paris com a irmã e a criada. O que surpreende é que a jovem resolva não se casar e administre pessoalmente o seu imenso patrimônio, visitando o salão da Bolsa em Paris e acompanhando a finança internacional numa época em que o campo financeiro era inacessível às mulheres. A protagonista de *Um mapa todo seu* é, antes de mais nada, uma hábil mulher de negócios que coloca em sombra a rica sinhazinha órfã do final do século XIX que se apaixona pelo jovem Joaquim Nabuco.

Na análise da personagem de Eufrásia, a categoria de gênero é indissociável das de classe e de etnia. Eufrásia tem a escolha de não se casar, pois é uma mulher da elite, rica e, evidentemente, branca. Trata-se de um aspecto central da obra, pois a protagonista escolhe conscientemente a condição de solteira, apesar da censura social que isso comporta, renunciando ao casamento com o homem que ama. Essa renúncia é a condição necessária para manter a independência e continuar a administrar o próprio patrimônio, já que na época o contrato matrimonial e a instituição do dote pressupunham que todos os bens da mulher passassem a ser controlados pelo marido.

A interseccionalidade das categorias de etnia, classe e gênero na análise da personagem histórica de Eufrásia Teixeira Leite é destacada igualmente por Falci e Melo, que afirmam que:

> [...] revendo-se a trajetória de mulheres ricas no século XIX na sociedade brasileira, pode-se perceber que a posse de

---

7 Segundo entrevista concedida a mim em 22 de março de 2021, conforme já mencionado, Ana Maria Machado afirma ter contemplado o título *A precursora* antes de optar por *Um mapa todo seu*.

> patrimônios por essas mulheres levou a que elas pudessem exercer poder sobre suas próprias vidas, fugindo do tradicional papel feminino. (Falci; Melo, 2002: 168)

Papel tradicional feminino que pode ser resumido em duas palavras: mãe e esposa. No Brasil, o período conhecido como Belle Époque, entre o final do século XIX e as primeiras décadas do século XX, representa uma fase de definição da fisionomia social e política do país, momento representado pela instauração da ordem social definida como burguesa, em que os comportamentos tradicionais se cristalizam em rígidos papéis sociais (Sohiet, 2006: 362). Um processo descrito por Marina Maluf e Maria Lucia Mott, que apontam o poder normativo das representações de mãe e esposa:

> Ao solidificar a concepção das esferas separadas, a mulher foi convocada a assumir a direção do lar em nome de uma determinada definição de família. Isso [...] acabou por circunscrever a família ao "lar feliz", onde a mulher é apresentada como rainha, escamoteando-se, assim, o drama da história, os conflitos, as diferenças e as relações de poder que se dão no seu interior. (Maluf; Mott, 1998: 421)

As figuras de anjo do lar e mãe devota ocultam não somente a condição de profunda subordinação das mulheres no casamento e na sociedade, como também são carregadas de um potente valor normativo. Enquadrada pelo código civil, exaltada pela moral católica, celebrada pela imprensa, a condição de esposa e mãe torna-se a única identidade reconhecida e socialmente aceitável para uma mulher adulta. Vale lembrar que, na época, uma mulher casada não podia trabalhar sem a autorização formal do marido e o seu estatuto jurídico era comparável ao de um menor de idade. Na prática, os hábitos e as tradições atribuíam ao marido poderes ainda mais amplos dos que os contemplados no código civil. Na escala reduzida da família, os homens e as mulheres assumem papéis complementares e opostos, numa rígida bicategorização do espaço político e social que se reflete na organização do Estado.

Com base nessas observações contextuais, é possível afirmar que *Um mapa todo seu* pode ser considerado um romance de amor, porém não entre Zizinha e Quincas, mas sim entre a protagonista e a sua independência. No oitavo capítulo, Eufrásia afirma:

> Não sou como as outras, obrigadas a trocar as rédeas do pai pelo cabresto do marido. Não preciso me submeter a isso. Posso ter escolhas. Sou dona do meu nariz. [...] Não dependo dele, minha liberdade é protegida pela herança do meu pai, e mais a da minha avó. E pelo preparo e exemplo que me deram. Não sou forçada a aturar que me desrespeitem, como tantas coitadas, por não ter onde cair morta. (Machado, 2015: 60)

Na página seguinte, a personagem reafirma a sua determinação, denunciando abertamente a instituição do casamento graças à imagem potente de um território desconhecido a ser desbravado:

> Um casamento para mim não precisará ser fundado na obediência e na submissão. [...] Não preciso ser igual a todas as mulheres traídas que conheço. [...] vou ter de buscar outros exemplos ou criar meus próprios modelos. Ninguém me deixou um mapa pronto, a definir esse novo território em que decidi me aventurar [...]. Posso não ser a primeira pessoa do meu sexo nessa procura. Seguramente deve haver precursoras e companheiras da mesma sorte [...]. Mas quero estar entre as primeiras. Faço questão. (Machado, 2015: 61)

As adversidades que a Eufrásia ficcional enfrenta e os elementos biográficos sobre a personagem histórica revelam que um casamento não baseado na submissão da mulher era ainda impensável e irrealizável na época e, apesar do amor, a renúncia a uma vida sentimental e familiar plena aparece como a única possibilidade. A personagem criada por Ana Maria Machado é, então, uma mulher solteira por escolha, o que contradiz o imaginário associado às *vieilles filles*, ou *sprinters*, tradicionalmente representadas negativamente como mulheres irrealizadas, tristes, amargas e mesquinhas. Tudo o que a protagonista de Ana Maria Machado não é. Nessa perspectiva, é importante sublinhar que não se trata de mulher "empoderada" pela viuvez, como as matriarcas valentes que encontramos na história da elite nacional. Ela escolhe o seu destino. O amor por Quincas existe, é um sentimento forte que acompanha a protagonista durante a vida toda. Mas, simplesmente, o amor não basta. Ou, como diria Conceição, outra personagem feminina solteira célebre da literatura brasileira, protagonista de *O Quinze*, de Rachel de Queiroz, e que, cronologicamente, poderia ser uma neta de Eufrásia, o casamento não "vale a pena" (Queiroz, 2007: 131). Que pena? A pena de renunciar à própria independência. E na tabela de custos-benefícios é com certeza um investimento perdido para Eufrásia, apesar de que renunciar ao casamento signifique renunciar também à maternidade, outro atributo natural e fundamental das mulheres.

Todavia, na economia narrativa, o fato de Eufrásia não ceder à paixão e ao amor, casando-se e encontrando o ansiado *happy ending*, faz dela uma personagem muito pouco romanesca, com a qual é difícil simpatizar, impenetrável e, por momentos, inacabada. E é justamente essa incompletude o elemento mais potente e eficaz da sua representação, pois Ana Maria Machado escolhe não "explicar" a personagem. Se a identidade e a excepcionalidade da protagonista de *Um mapa todo seu* são construídas justamente em volta da sua determinação e do amor à independência, a Eufrásia ficcional em nenhum momento é representada como uma heroína vitoriosa e triunfante, apagada pela sua unicidade frente a uma sociedade retrógrada. Ela é excepcional e, justamente por isso, hesita, não quer se casar, chora e se magoa, tem arrependimentos, expressando, assim, as tensões e as normas do momento histórico no qual ela vive. Se as lacunas da figura da protagonista a tornam menos cativantes e contemporâneas, menos legíveis, ao mesmo tempo permitem à autora não "agredir a História" (Machado, 2015: 221) e, com ela, a Eufrásia real.

5 Considerações finais

Com a sua singularidade inventada, mas verossímil, a protagonista de *Um mapa todo seu* representa e dá voz a uma alteridade, sugerindo uma figuração que se revela significativa na compreensão do gênero como categoria histórica, interagindo com o imaginário do passado. Pois, como lembra Joan Scott: "Para buscar o significado, precisamos lidar com o sujeito individual, bem como com a organização social, e articular a natureza de suas inter-relações, pois ambos são cruciais para compreender como funciona o gênero, como ocorre a mudança" (Scott, 1995: 86). Na análise das tensões entre a matéria ficcional e a matéria histórica, não se trata de extrair do texto um conteúdo documentário, constituindo o romance em documento "apesar dele" (Lyon-Caen, 2019: 23). A obra ficcional, e mais diretamente a obra ficcional com vocação histórica, deve ser considerada um instrumento fundamental de compreensão dos fenômenos e da lógica social do passado, das relações de poder e de conflitualidade (Lyon-Caen, 2019: 24). Uma compreensão que vai além do âmbito limitado da monografia, da personagem individual, buscando a estabilidade e a recorrência das construções sociais e culturais que envolvem essas singularidades. Nessa perspectiva, é possível afirmar que *Um mapa todo seu* representa um objeto privilegiado na compreensão das representações da identidade feminina e das relações de gênero, em suas diferentes formas, no Brasil do final do século XIX e do começo do século XX.

Como sugere Nathalie Heinich, as figurações e os comportamentos propostos pelos romances não podem ser considerados como reais, mas como representações imaginárias que, em seu conjunto, criam sistemas simbólicos (Heinich, 1996: 342). Assim, a análise das personagens ficcionais possibilita entender as mudanças e as tensões que caracterizam o simbólico e que reverberam no real. As duas esferas são distintas, mas se influenciam mutuamente, num diálogo em que a literatura e, mais especificamente, a ficção com vocação histórica desempenham um papel essencial. O romance, como todos os sistemas narrativos, tem a capacidade de conferir uma forma, uma estabilidade e uma definição às representações, tornando-as mais operantes. A ficção possui então um poder particular sobre as estruturas imaginárias da experiência, atribuindo o estatuto e a força de referência a afetos que, sem o romance, permaneceriam menos compartilhados e compartilháveis (Heinich, 1996: 342).

Essas considerações permitem afirmar que o romance não se limita a descrever e contar identidades preexistentes, mas pode criar identidades, colocando-as na esfera simbólica e, portanto, no universo dos possíveis. Um processo que, no caso do romance histórico, questiona as representações do passado e a nossa percepção delas, carregando a obra de um valor ideológico inegável. Como afirma Gengembre (2010: 373), além de expressar orientações e conflitos ideológicos do nosso tempo, o romance histórico contemporâneo tem o poder de contestar o pensamento mesmo do "sentido da História".

Os documentos historiográficos revelam que Eufrásia Teixeira Leite foi uma pioneira, uma mulher fora do comum na época em que viveu, mas, graças à obra de Ana Maria Machado, a personagem ficcional nela inspirada consegue desbravar, material e simbolicamente, outros caminhos. A sua presença na página contribui para historicizar a crítica às relações de poder, revelando a dimensão da crise da instituição matrimonial e as primeiras contestações à dependência financeira das mulheres; todas essas questões que serão centrais nas reivindicações dos movimentos feministas ao longo do século XX.

Representando uma personagem feminina transgressiva numa dimensão histórica, o romance *Um mapa todo seu* participa da percepção do passado, se tornando o terreno ideal para a compreensão de fenômenos sociais e alimentando um imaginário das identidades de gênero que contradiz as representações tradicionais. Graças à personagem de Eufrásia, que circula entre o espaço factual e o ficcional mantendo a verossimilhança, a autora contribui para o questionamento de uma história e de uma historiografia – e de uma literatura – sem mulheres, restituindo visibilidade, complexidade e voz às nossas antepassadas e às suas formas de resistência.

Referências bibliográficas

BOISCLAIR, Isabelle; SAINT-MARTIN, Lori. "Les conceptions de l'identité sexuelle, le postmodernisme et les textes littéraires". *Recherches féministes*, 5-27, 2006.

CHARTIER, Roger. *Au bord de la falaise. L'histoire entre certitudes et inquiétude*. Paris: Albin Michel, 1998.

DIDIER, Béatrice. *L'écriture-femme*. Paris: Presses Universitaires de France, 2004.

FALCI, Miridan Britto Knox; MELO, Hildete Pereira de. "Riqueza e emancipação: Eufrásia Teixeira Leite. Uma análise de gênero". *Estudos Históricos*, 29, 165-185, 2002.

FANINI, Michele Asmar. "As Mulheres e a Academia Brasileira de Letras". *História*, 29-1, 345-367, 2010.

GENGEMBRE, Gérard. *Le roman historique*, Paris: Klincksieck, 2006.

GENGEMBRE, Gérard. "Le roman historique: mensonge historique ou vérité romanesque?". *Études*, 210/10, tomo 413, 367-377, 2010.

HEINICH, Nathalie. *États de femme. L'identité féminine dans la fiction occidentale*. Paris: Gallimard, 1996.

LYON-CAEN, Judith. *La griffe du temps. Ce que l'histoire peut dire de la littérature*. Paris: Gallimard, 2019.

MACHADO, Ana Maria. *Um mapa todo seu*. Rio de Janeiro: Alfaguara, 2015.

MALUF, Marina; MOTT, Maria Lucia. "Recônditos do mundo feminino". *In*: Novais, Ferdinando, *História da vida privada no Brasil 3 – República: da Belle Époque à Era do Rádio*. São Paulo: Companhia das Letras, 1998.

NORA, Pierre. "Histoire et roman: où passent les frontières?". *Le Débat*, 2011.

QUEIROZ, Rachel de. *O Quinze*. Rio de Janeiro: José Olympio, 2007.

ROINAT, Christian. "*Liberté des femmes dans 'Cap vers la liberté' d'Ana Maria Machado*", 2018. Disponível em: http://www.espaces-latinos. org/archives/65511. Acesso em: 7 jun. 2024.

SCOTT, Joan. "Gênero, uma categoria útil de análise histórica". *Educação e realidade*, 1995.

SCOTT, Joan. *Théorie critique de l'histoire. Identités, expériences, politiques*. Paris: Fayard, 2009.

VENÂNCIO FILHO, Alberto. "As mulheres na Academia". *Revista Brasileira*, 49, ano XIII, 7-44, 2006.

WEINHARDT, Marilene. "Eufrásia Teixeira Leite: personagem biográfica romanceada". *Letras de Hoje*, 2018.

Um país todo seu: o protagonismo feminino em *Um mapa todo seu*

Maria Eunice Moreira
Pontifícia Universidade Católica do Rio Grande do Sul

No final de 2015, quando veio a público a obra *Um mapa todo seu*, da escritora Ana Maria Machado, centenas de mulheres saíam às ruas no Brasil, dando continuidade a eventos que desde 2013 registravam o protagonismo feminino, com pautas atuais e progressistas: direito ao aborto, contra a intolerância e o machismo, repúdio ao feminicídio e ao estupro. Um dos cartazes dessas manifestações alertava: "Mexeu com uma, mexeu com todas". Em várias capitais do país, ouviam-se os gritos contra a aprovação de um projeto que limitava o acesso à pílula do dia seguinte em hospitais públicos para mulheres estupradas. O estopim para todos esses movimentos começou quando pedófilos publicaram comentários sobre uma menina participante da versão infantil do programa MasterChef Brasil. A reação foi imediata e muitos relatos de assédio sexual infantil de meninas vieram à tona num país de tristes estatísticas: 9,7 anos como média de idade dos assédios femininos, oitavo no mundo em número de mulheres assassinadas, mais de 500 mil estupros por ano e repetidos casos de agressões às mulheres por parte de seus parceiros. A onda feminista trazia também a reivindicação de destituição do presidente da Câmara de Deputados, Eduardo Cunha, conhecido político retrógrado e contrário às pautas postuladas por mulheres. Palavras de ordem contra esse político ecoavam pelas ruas das principais capitais: "Machismo mata, feminismo liberta"; "Se cuida, se cuida, seu machista. A América Latina vai ser toda feminista"; "Fora, Cunha!". (Rossi, 2015: 1).

Os fatos pareciam orquestrados: em outubro de 2015, quando os alunos brasileiros fizeram o Exame Nacional do Ensino Médio

(Enem), uma questão sobre o movimento social para o qual as ideias da feminista Simone de Beauvoir tiveram um papel de destaque provocou muitas reações. A questão colocava em discussão a citação da autora de *O segundo sexo*:

> Ninguém nasce mulher, torna-se mulher. Nenhum destino biológico, psíquico, econômico define a forma que a fêmea humana assume no seio da sociedade; é o conjunto da civilização que elabora esse produto intermediário entre o macho e o castrado que qualificam de feminino. (1980: 9)

Os alunos deveriam identificar o movimento social dos anos 1960 que era orientado por essa afirmativa. As redes sociais ferviam de argumentos a favor ou contra essa proposição, quando, no dia seguinte, o tema da redação do Enem tocou de novo nos brios de muitos brasileiros: "A persistência da violência contra a mulher na sociedade brasileira". E mais uma avalanche de comentários machistas sacudiu a internet.

Todos esses acontecimentos fortaleceram os movimentos feministas, que passaram a exigir posições políticas mais condizentes com os novos tempos. Mulheres muito jovens uniram-se às mais experientes, e os *slogans* que brotaram dessas campanhas sinalizam para sua força e importância: além do "Mexeu com uma, mexeu com todas", surgiu a campanha #AgoraÉQueSãoElas, convocando colunistas, escritores, jornalistas a convidar uma mulher a ocupar seus espaços e a escrever no seu lugar. A campanha viralizou e muitos colunistas aderiram ao movimento.

O momento era propício, portanto, para a leitura de *Um mapa todo seu* na esteira da onda feminista. Eufrásia, a heroína do livro, foi uma figura marcante, e sua história revelava sua posição contrária às expectativas da sociedade em relação a uma mulher rica e solteira. *Um mapa todo seu* dialoga explicitamente com o texto de Virginia Woolf, *Um teto todo seu*, de onde emanaram muitas ideias progressistas e feministas, retomadas na contemporaneidade. Apesar desses elementos, que colaboravam para atualizar a pauta das feministas brasileiras, os textos publicados sobre o livro de Ana Maria Machado, por ocasião de seu lançamento, dão as costas às reivindicações e posições assumidas pelas mulheres e se limitam a comentar apenas a história de amor entre dois jovens bem-sucedidos. Não há destaque para o papel assumido por Zizinha e sua recusa dos paradigmas desenhados para as mulheres no final do século XIX.

Isso significa que, apesar dos movimentos reivindicatórios das ruas, as primeiras leituras sobre a então nova obra de Ana Maria Machado correram à margem da onda feminista, destacando apenas o romance envolvendo duas conhecidas figuras da história brasileira, sem atentar para o protagonismo de uma mulher que, por suas atitudes e seu comportamento, poderia estar ao lado de suas compatriotas nas passeatas de 2015. Destacarei, neste texto, a desconformidade entre as resenhas iniciais, publicadas na imprensa, e a leitura de teor inovador e atualizado que poderia ter sido enfatizada pelos resenhistas.

Escritora experiente, com mais de cem livros publicados, reconhecida pela crítica, que a ela concedeu inúmeras condecorações por sua produção literária, como o Prêmio Hans Christian Andersen, o mais importante da literatura infantil, e o Prêmio Machado de Assis, pelo conjunto da obra, certamente Ana Maria Machado não escreveu *Um teto todo seu* em resposta às demandas femininas que inundavam o país, mas certamente não deixou de apor à sua escrita um viés político. Afinal, foi motivada pelos ideais abolicionistas de Joaquim Nabuco que começou a escrever *Um teto todo seu*, como afirmou no posfácio da edição:

> Comecei a pensar neste livro em 2009, ao ser eleita para a secretaria-geral da ABL e me aproximar mais da figura de

Nabuco, cujos livros eu já admirava muito e cujo centenário de morte logo iríamos comemorar, em janeiro de 2010. (Machado, 2015: 222)

Mergulhada, porém, nas leituras em torno da biografia do abolicionista, diz a própria autora: "Descobri a dimensão hipnotizante de Eufrásia" (Machado, 2015: 222), o que provocou a mudança de direção de sua intenção literária. Sendo assim, se bem que não como resposta direta às mulheres, mas com seu afinado senso político, escolheu o título da obra – *Um mapa todo seu*. Não há como não pensar na intertextualidade que suscita ao invocar o nome do livro de Virginia Woolf, *Um teto todo seu*. Ao resenhar o romance sobre a brasileira Eufrásia Leite, a Zizinha da história, Amanda de Oliveira ressalta que a autora tem consciência de que a personagem feminina se encontra na mesma dimensão crítica de Virgínia Woolf:

> Se a autora britânica, nas linhas de seu texto, refletia sobre a posição da mulher na sociedade e na escrita literária, principalmente na importância de um espaço específico para o encontro da arte e da liberdade criadora, a personagem de Ana Maria Machado parece buscar, nas terras europeias, a efetiva liberdade que pode sustentar sua autonomia. (Oliveira, 2018: 180-182)

Apesar dessa evidente correlação com a conhecida obra de Virginia Woolf, sugerida já pelo título escolhido por Ana Maria Machado, as primeiras resenhas sobre o romance, especialmente aquelas destinadas à divulgação da obra por ocasião de seu lançamento, ignoram a conexão entre os dois livros como também descartam a leitura que possa encaminhar ao propósito feminista do texto. Para esses resenhistas, é mais conveniente chamar a atenção dos leitores para a história de amor de duas personagens da história brasileira: o abolicionista Joaquim Nabuco e a empreendedora Eufrásia Leite, na intimidade Quincas e Zizinha.

Eufrásia Teixeira Leite é uma jovem órfã de pouco mais de vinte anos, herdeira de uma grande fortuna, o que a possibilita tornar-se dona do próprio nariz, confrontando, com sua autonomia, a tradicional família mineira. Preparada pelo pai para conduzir a herança de forma autônoma e competente, não aceita a imposição do tio e enfrenta a família, mudando-se, com a irmã e uma dama de companhia, para a capital francesa após o falecimento dos progenitores.

É na viagem que Zizinha conhece o jovem Quincas, que também vai para a Europa em busca de conhecimento e cultura. No ambiente do navio, os dois vivem uma história de amor, apesar da contrariedade da irmã de Zizinha. No entanto, famoso por ser sedutor, Quincas não corresponde ao esperado pela namorada e, aos poucos, a possibilidade de perder a liberdade conquistada e as constantes refregas com a irmã despertam em Zizinha o medo do matrimônio. Casar-se significa perder a autonomia que possui e ceder o comando dos negócios herdados. Zizinha sabe que pode conduzir a vida sem a presença masculina, mas sabe também que o amor que sente por Quincas pode arruinar os planos de seguir livre, de ser independente, sem depender da ajuda de um homem. Entre acertos e desacertos, a história de amor se desfaz e o casamento não se realiza. Eufrásia torna-se uma brilhante mulher de negócios e Nabuco entra para a história como o grande abolicionista.

Numa das primeiras referências ao novo lançamento da editora Objetiva, a chamada está assim registrada:

> Ana Maria Machado reconta a incrível história de amor de Eufrásia Teixeira Leite, uma mulher independente e bem-sucedida nos negócios, e Joaquim Nabuco, político e jornalista que atuou no processo abolicionista brasileiro.

Se bem que palavras como "independente" e "bem-sucedida" constem desse texto, a chamada mais importante – "incrível história de amor" – domina o título e conduz o leitor a conhecer esse caso. A ênfase na história de amor prevalecerá também nas demais chamadas para divulgação do livro, como será visto.

A Amazon, por exemplo, que em seguida disponibilizará a obra para venda, insiste neste ponto:

> *Um mapa todo seu* reconta a história de amor de Eufrásia Teixeira Leite, uma mulher à frente de seu tempo e uma das primeiras grandes investidoras e empresárias do país; e o jornalista, político e diplomata Joaquim Nabuco, figura essencial no processo de abolição da escravatura no Brasil. Eufrásia e Nabuco não estão retratados apenas por meio de documentos históricos, mas aparecem em suas vidas íntimas, recriadas com vivacidade e precisão.*

Novamente, o tópico da "história de amor" de uma mulher à frente de seu tempo e uma das pioneiras no campo dos negócios no Brasil pode sugerir o "avanço" também nas relações que ela estabelece com o político Nabuco do que a sua iniciativa para engendrar negócios no século XIX. Suas vidas íntimas serão tratadas e "recriadas com vivacidade e precisão". Numa sociedade ávida pelo *reality show*, o emprego dessas expressões constitui uma eficaz chamada promocional.

Uma das primeiras ou talvez a primeira resenha sobre o novo romance de Ana Maria Machado foi redigida pelo jornalista de *O Estado de S. Paulo*, Ubiratan Brasil, e publicada em 18 de dezembro de 2015 sob o título "Em novo romance, Ana Maria Machado transforma história de amor impossível em ficção", com o subtítulo "*Um mapa todo seu* conta a paixão do abolicionista Joaquim Nabuco e a emancipada Eufrásia". Diz o resenhista que, nas cem primeiras páginas do romance, o leitor acompanha a história de amor de Zizinha

---

* A sinopse do livro foi extraída da página da Amazon em 12 de dezembro de 2020.

e Quincas para só depois tomar conhecimento de que se trata de Eufrásia e Joaquim Nabuco. Colhendo o depoimento da autora da obra, informa que a motivação para o romance veio da atuação abolicionista de Nabuco, mas que, por meio dele, descobriu Eufrásia. Para Ubiratan Brasil, Nabuco não aceita Eufrásia por seus pendores emancipacionistas, e Eufrásia não aceita Nabuco por ser ele muito mulherengo. Mais uma vez, Ubiratan Brasil reforça a relação afetiva entre os dois jovens, destacando a história de amor por eles vivida, mas continua a desconhecer o fator do empoderamento feminino. A força da mulher, ainda que esta seja entendida como "desbravadora", não combina com o olhar do jornalista.

No ano seguinte ao lançamento de *Um mapa todo seu*, o jornalista Alexandre Lucchese apresentou o livro para os leitores do jornal *Zero Hora*, de Porto Alegre, no caderno "Cultura e Lazer". O momento político brasileiro era tenso e o país encaminhava-se para a destituição da primeira presidente mulher, Dilma Rousseff. As acusações para embasar o *impeachment* presidencial sustentavam-se em razões de ordem econômica, as famosas "pedaladas", mas continham muito da misoginia presente na sociedade brasileira. Nesse âmbito político em que ferviam as manifestações contra uma presidente mulher, em que o futuro presidente da República valia-se de critérios de beleza para rejeitar uma parlamentar e afirmar que "não a estuprava porque era feia", é pertinente observar alguns pontos da resenha: a) o livro é catalogado como romance histórico; b) Eufrásia tem sorte nos negócios, mas, "no amor, já não tem o mesmo sucesso" porque se apaixona por Joaquim Nabuco, figura essencial para o fim da escravatura no Brasil, mas também muito conhecido em seu tempo como um "dândi mulherengo"; c) "o eixo narrativo é o amor impossível entre os dois"; d) o romance decai, no final, "porque a história do próprio casal é bastante irregular [...] o que acaba por gerar um romance fragmentado".

Num texto sem ponta e sem linha, porque o autor aborda vários aspectos da obra nessa curta resenha (alguns, como a classificação "romance histórico", merecem maior discussão), chamam a atenção novamente os pontos assinalados pelo resenhista e que sintetizam, em geral, os aspectos destacados pelos primeiros críticos de *Um mapa todo seu*: o caráter romântico do texto; o envolvimento mal concluído da relação do casal; o fato de Nabuco ser mulherengo e Eufrásia não encontrar no amor a mesma sorte que tinha para os negócios.

Em 18 de dezembro de 2015, no *Portal UAI*, de Minas Gerais, o artigo de Ângela Faria noticiava: "Ana Maria Machado lança o romance *Um mapa todo seu*", seguido de "Livro que apresenta aos brasileiros Eufrásia Teixeira Leite, a fascinante sinhazinha que não se dobrou ao machismo". A resenha da jornalista mineira adentra, por fim, o território vivido pelas mulheres e estabelece uma relação do romance com o momento político brasileiro entre 2015 e 2016. No parágrafo de abertura, escreve a jornalista:

> Zizinha nasceu no século XIX, mas parece até contemporânea de Simone de Beauvoir, autora da frase "não se nasce mulher, torna-se mulher" – enunciado emblemático de *O segundo sexo*, o clássico da filosofia escrito nos anos 1940 que tanta polêmica causou no Enem 2015. Se vivesse neste século XXI, talvez Zizinha apoiasse as moças que ocuparam as ruas brasileiras, há dois meses, para defender o direito de serem donas do próprio destino. (Faria, 2015)

Com esse comentário, atualiza a leitura da protagonista de *Um mapa todo seu*, colocando-a ao lado das mulheres brasileiras da contemporaneidade, o que concede a Eufrásia um lugar de vanguarda no seu tempo. Como mulher de uma época de repressão e restrições, ela seria hoje companheira e lutadora das ideias feministas que enchem as ruas no Brasil do século XXI.

Ao contrário dos textos até hoje escritos sobre o romance, a resenha de Ângela Faria incide sobre o protagonismo feminino, desfocando o tema do envolvimento amoroso de dois jovens ricos, bonitos e destacados socialmente (ainda que Nabuco não fosse rico na mesma proporção que Eufrásia). A diferença que deseja acentuar entre o passado e o presente na vida das mulheres está contida no romance. Entre a mãe de Eufrásia e a filha empreendedora, ou seja, entre uma geração e outra, a distância é imensurável: vai de uma mãe analfabeta a uma filha gestora de negócios e capaz de negociar com os maiores banqueiros do mundo. Mulher "à frente de seu tempo", mulher que "jamais se rendeu ao mito do amor romântico" são expressões presentes no texto e que dão conta da envergadura de um romance que, ao trazer para o protagonismo romanesco uma mulher do século XIX, escolhe aquela que foge aos padrões da época, e não apenas o social: a Zizinha de Ana Maria Machado é também a mulher que mostra seu lado feminino sem abdicar de seu empoderamento:

> Amor da vida de Joaquim Nabuco, a bela milionária de Vassouras nunca se limitou a sinhazinha. Órfã aos 20 e poucos anos, a moça recusou a tutela do poderoso tio barão e tocou os negócios do pai, sujeito esclarecido que gostava de conversar sobre o mundo das finanças com a caçula. Trocou a provinciana vida fluminense pela capital francesa, livrando-se da parentela. Pioneira, frequentou a Bolsa de Valores de Paris – para surpresa dos europeus – e investia nas ações certas. Diferente das mulheres de sua época – a mãe, fina flor da elite cafeeira, nem sequer sabia ler –, Eufrásia correspondia-se com investidores, entre eles os graúdos do clã Rotschild. Perdeu dinheiro depois da Revolução Russa de 1917 e no *crash* de 1929, mas soube se reerguer. (Faria, 2015)

Um país todo seu: o protagonismo feminino em *Um mapa todo seu*

Eis, em resumo, a história do romance de Ana Maria Machado. Ao lado da moça rica, convive a mulher esclarecida, formada pelo pai para gerir os negócios da família; ao lado da provinciana depara-se a mulher emancipada, capaz de encarar a vida na capital francesa; ao lado da interiorana, a mulher empreendedora, hábil nos negócios e nos empreendimentos. Mais ainda: a mulher apaixonada e a mulher esclarecida estão presentes na mesma personagem. Como diz Ângela Faria, tornamo-nos "cúmplices dessa mulher que trabalha, ama, sofre, ousa – e paga o preço disso" (Faria, 2015). Por isso, a opção de Ana Maria Machado pela Zizinha e não pela Eufrásia: escolher Zizinha é retirar a mulher rica e poderosa de seu patamar social e economicamente distanciado; escrever sobre a Zizinha é aproximá-la das mulheres e das relações por elas vividas: o amor, a desigualdade entre os pares, o sofrimento pela impossibilidade do casamento ou mesmo a renúncia ao casamento, por ser um contrato nem sempre favorável à mulher.

Em *O contrato sexual*, Carole Pateman afirma que

> o casamento é chamado de contrato, mas as feministas argumentam que uma instituição em que uma parte, o marido, exercia o poder de um senhor de escravos sobre sua mulher, mantendo até os anos 80 resquícios desse poder, está bem longe de ser uma relação contratual. (Pateman, 1993: 231)

E Zizinha tem a clara consciência de que pertence a uma parcela de mulheres que pode prescindir da presença masculina para conduzir a vida e o amor. O casamento, no padrão que a sociedade o exige e nos moldes que Quincas pretende, dificulta a liberdade de uma mulher que já a conquistou.

Portanto, é possível entender que o romance entre os dois não foi mal concluído, mas Eufrásia deixou de considerar essa possibilidade porque tem consciência do que representaria o casamento em sua vida. Tampouco Eufrásia rejeitou o casamento com Nabuco por seu comportamento mulherengo, mas porque ela sabia que se casar com ele significaria a perda de sua liberdade, da emancipação que ela custosamente alcançou. E é justamente esse "teto todo seu" que ela não quer e não pretende perder.

Aliás, a orelha do livro, na edição da Objetiva, sinaliza para uma chave de leitura que poderia ter motivado os resenhistas desse romance. Ali está escrito:

> *Um mapa todo seu*, de Ana Maria Machado, transita pelo Rio de Janeiro, por Paris e Londres, no final do século XIX, para recontar a incrível história de amor de Eufrásia Teixeira Leite, uma mulher independente e bem-sucedida nos negócios, e Joaquim Nabuco, político e jornalista que atuou com firmeza e convicção no processo abolicionista brasileiro.

No entanto, o tópico da independência feminina – ao chamar a atenção para as características de Eufrásia, mulher perseverante e independente – é deixado de lado mais uma vez para se investir nas questões históricas brasileiras, como a abolição da escravatura e as dificuldades de um país em formação, que colaboram para ressaltar a posição política de Joaquim Nabuco:

> Suas aptidões e lutas vão se revelando gradualmente ao leitor, assim como a perseverança de uma mulher para manter sua independência. No final, o que temos não é só uma história de amores e incertezas, mas também um relato que nos mostra a dimensão da luta pela abolição da escravatura no Brasil, as dificuldades políticas de um país em formação, e o mundo dos grandes negócios e investimentos.

Sem dúvida, o romance pode sugerir uma leitura das condições que dizem respeito à história brasileira, num país em formação, cujos olhos se voltam para uma nova forma de governo que se anuncia, mas negligencia algumas heranças sociais que vão se calcificando e desconsidera uma inovadora chave de leitura sobre a emancipação feminina e a liberdade da mulher. Não se pode, portanto, deixar de anotar como são encaradas as relações sociais e as posições sociais quando entram em jogo questões de gênero.

Na meniconada entrevista a Ubiratan Brasil para *O Estado de S. Paulo*, Ana Maria Machado afirmou que "não há cartografia para cada um seguir. Daí o título do livro *Um mapa todo seu*". Penso, porém, que o livro traz vários mapas: aqueles do passado, que regiam (e muitas vezes regem) as relações afetivas, os contratos matrimoniais para salvar heranças e patrimônios (sempre desfavoráveis às mulheres), a formação de nossa história e de nossa identidade social. Outros mapas de leitura, porém, são possíveis nesse romance: a liberdade individual, a conquista feminina (ainda que isso implique perdas ou dificuldades), a luta pela emancipação da mulher – outras rotas significativas de um mapa que certamente as mulheres que estavam na rua em 2015 reivindicavam – e reivindicam – para um Brasil tão pouco feminino.

Referências bibliográficas

BEAUVOIR, Simone de. *O segundo sexo*. Trad. de Sérgio Milliet. Rio de Janeiro: Nova Fronteira, 1980.

BRASIL, Ubiratan. "Em novo romance, Ana Maria Machado transforma história de amor impossível em ficção". *O Estado de S. Paulo*, 18 dez. 2015.

FARIA, Ângela. "Ana Maria Machado lança o romance *Um mapa todo seu*". *Portal Uai*, 18 dez. 2015. Disponível em: https://www.uai.com.br/app/noticia/pensar/2015/12/18/noticias-pensar,175282/ana-maria--machado-lanca-o-romance-um-mapa-todo-seu.shtml. Acesso em: 28 jun. 2024.

LUCCHESE, Alexandre. Resenha *Um mapa todo seu*, de Ana Maria Machado. *Zero Hora*, 29 abr. 2016. Disponível em: https://gauchazh.clicrbs.com.br/cultura-e-lazer/noticia/2016/04/mundo-livro-resenha-de-um-mapa-todo-seu-de-ana-maria-machado-e-mais-novidades-da-literatura-5789398.html. Acesso em: 28 jun. 2024.

MACHADO, Ana Maria. *Um mapa todo seu*. Rio de Janeiro: Objetiva, 2015.

OLIVEIRA, Amanda da Silva. Resenha de *Um mapa todo seu* (s.t.). *Navegações*, v. 11, n. 2, Universidade Federal de Santa Maria, 2018.

PATERMAN, Carole. *O contrato sexual*. São Paulo: Paz e Terra, 2020.

ROSSI, Marina. "As mulheres brasileiras dizem basta." *El País – Brasil*, 4 nov. 2015.

"*Menina bonita do laço de fita,* qual é o teu segredo...?" Cartografias da ficção em Ana Maria Machado

André Luís de Araújo

Universidade Católica de Pernambuco

1 Pressupostos

Os conceitos de realidade/irrealidade ou possível/impossível estão intimamente relacionados à tipologia de um texto. Quando se trata, portanto, de literatura infantojuvenil, como a de Ana Maria Machado, não será difícil encontrar um repertório muito próximo das combinações narrativas próprias do imaginário infantil, como no caso de *Menina bonita do laço de fita*, publicado em 1986.

Desse modo, não será nenhum absurdo encontrarmo-nos com um coelho branco e falante que questiona incessantemente uma menina negra com o intuito de descobrir "seu segredo pra ser tão pretinha". Coelho branco e falante nos remete facilmente, ainda, ao universo de *Alice no país das maravilhas*, de Lewis Carroll, ou a *O mistério do coelho pensante*, de Clarice Lispector – mistério sempre por revelar: em Clarice Lispector, mistério de um coelho que foge sem que ninguém saiba como; em Ana Maria Machado, segredo de uma menina bonita que o coelho deseja descobrir. De toda forma, já intriga perceber que o primeiro verbo que se refere ao coelho, na narrativa de Ana Maria Machado, dá voz a um pensamento: "Ah, quando eu casar quero ter uma filha pretinha e linda que nem ela..." (Machado, 1986: 7).

De entrada, já sabemos que *Menina bonita do laço de fita* vai nos proporcionar certa dose de ficção e, justamente por isso, estamos preparados para desfrutar dela tão logo se apresente, dado que a ficcionalidade vem para cumprir uma função determinada, poderíamos dizer, sem pretender instrumentalizar nada. Nesse sentido, não nos importa o desvio proposto pela fabulação, importa que esse desvio seja legitimado pela lógica da narrativa, isto é, para compreender as condições de uma obra de ficção, são decisivos os elementos que constroem a coesão e a coerência textuais, apoiadas, sem dúvida, nos símbolos e metáforas evocadas como figuras literárias por excelência, como as utilizadas para descrever a beleza negra da menina: "os olhos dela pareciam duas azeitonas pretas, daquelas bem brilhantes"; "os cabelos eram enroladinhos e bem negros, feito fiapos da noite"; "a pele era escura e lustrosa, que nem pelo da pantera-negra quando pula na chuva" (Machado, 1986: 3).

Isso equivale a dizer que é necessário cumprir algumas exigências, posto que toda obra deve apresentar-se dentro de um sistema coerente e coeso de relações simbólicas e sígnicas, observando-se uma lógica interna válida para o sistema proposto, referendado e aceito por um público leitor/espectador/ouvinte – ampliando um pouco mais a estética da recepção. Cabe afirmar, ainda, que cada obra literária põe para funcionar, portanto, um mundo possível, com estruturas morfossintáticas e semântico-pragmáticas decisivas, em que o mundo, diferente da experiência objetiva, muitas vezes se torna necessário e suficiente porque está submetido às suas próprias regras de funcionamento e linhas de força.

Com efeito, as convenções literárias já bem conhecidas, sobretudo quando se trata de um texto infantil, não se limitam a efetuar uma ingênua legitimação funcional do caráter ficcional das obras. Não se trata apenas disso. O que se evidencia adquire e propõe uma gramática nova de relações. Afinal, o que por si só constituiria um absurdo e não teria validade comunicativa passa a atuar como um sistema de valores que, segundo o escritor argentino Juan José Saer, em sua obra ensaística *El concepto de ficción* (2016), anuncia fortemente uma antropologia especulativa, em diálogo com a cultura, a filosofia contemporânea e os distintos gêneros textuais, a partir da proposição de temas candentes e atuais para o debate na sociedade, como vêm a ser a beleza e a valorização da diversidade étnico-racial, claramente evocadas nesta obra de Ana Maria Machado, que completa 38 anos em 2024. A obra se mantém atualizada, especialmente à luz dos tristes episódios de preconceito, racismo, violência e morte que se desenrolaram, notadamente no Brasil e nos Estados Unidos, nestes últimos tempos e que ganharam visibilidade a partir das denúncias e da mobilização de populações inteiras, a despeito do anonimato do que ainda segue acontecendo a tantas outras pessoas vitimadas e silenciadas nos mais insuspeitáveis rincões mundo afora.

Nessa perspectiva, "[...] entre os imperativos de um saber objetivo e as turbulências da subjetividade, podemos definir de um modo global a ficção como uma antropologia especulativa"[1], diz Saer (2016: 21). Uma enunciação com essas características pode parecer ilegítima, inclusive escandalosa, tanto para os profetas da verdade quanto para os niilistas do falso. O autor argentino sustenta que conceber a ficção como uma antropologia especulativa potencializa sua força. Entendida desse modo, a ficção é capaz não de ignorar esses reducionismos dispostos entre a verdade objetiva e a expressão subjetiva, mas os assimila, incorporando-os em sua própria essência, despojando-os de suas pretensões de absoluto e ampliando discussões necessárias à vida em sociedade.

Outros estudiosos do tema concordam quando afirmam que, em última instância, não há texto que não constitua uma ficção: porque seu autor *inventa* o modo de unir as palavras e os argumentos que quer comunicar, conseguindo efeitos de surpresa ou propondo soluções para o desenlace dos imbróglios, mesmo quando se trata de

---

1   Tradução nossa. No original: "[...] entre los imperativos de un saber objetivo y las turbulencias de la subjetividad, podemos definir de un modo global la ficción como una antropología especulativa".

textos científicos. Paul Ricœur (1995), Thomas Pavel (1991) e Wolfgang Iser (1997), por exemplo – como demonstra Irene Klein (2014) em seu artigo "Tramar mundos ficcionales. La ficción entre la teoría y la práctica de la escritura" –, enfatizam a dimensão epistemológica da ficção, ou seja, sua capacidade inerente de alcançar ou produzir um saber sobre o mundo. Queremos pensar a ficção, também aqui, sob esta perspectiva, como uma matriz geradora de sentidos, pois consideramos que desenvolver modalidades de pensamento que impliquem a invenção e a criatividade próprias da ficção promove um pensamento crítico divergente, que questiona, problematiza, indaga e leva à reflexão, torna o mundo, sempre e de novo, possível, mesmo num texto despretensioso como este.

Nesse sentido, uma aproximação a um texto ficcional pede, minimamente, que se compreendam os mecanismos que estão em jogo na construção narrativa. De qualquer modo, todo autor reúne elementos de atividades humanas e os dispõe à sua maneira em um ato imaginativo, muitas vezes criando a partir da fantasia; no caso específico do texto de Ana Maria Machado em questão, isso é feito especialmente por meio da fabulação.

Segundo Ángela María Chaverra Brand, em seu artigo "Fabular un pueblo a través del arte" (2018), o encontro com Henri Bergson, prêmio Nobel de literatura, por meio de seu texto *La evolución creadora*, permitiu que Gilles Deleuze se apropriasse do conceito de fabulação e o desenvolvesse. Para a autora, Deleuze recolhe de Bergson as noções de fabulação e de instinto virtual como criador, e desenvolve essa trama para encontrar ressonâncias com os conceitos de desejo, arte e máquina social. Por essa razão, ressignifica várias das declarações de Bergson. Desvincula, por exemplo, a fabulação do caráter exclusivamente religioso e aplica o conceito à arte. No entanto, faz um paralelo com Bergson ao afirmar que a arte não funda conceitos, distanciando-se, como ele, da inteligência, no sentido de entidade principal na produção artística. A arte cria blocos de sensações como *afectos* e *perceptos*.

Outra distância que Deleuze toma com relação ao pensamento de Bergson é a respeito do tema da fabulação como força reativa; para Deleuze, a fabulação é resistência não reativa, mas criadora, propositiva. Neste caso,

> [...] se aproxima mais de Nietzsche, que afirmava que há forças reativas. As ativas têm o poder da transformação, afirmação diferencial, são potências, podem abrir novas formas; as reativas tendem à conservação, adaptação e sobrevivência. (Brand, 2018: 44)[2]

Deleuze parte, também, do conceito de fabulação para falar do desejo e, com Félix Guattari, vai referir-se ao desejo como construção de uma sociedade, revolução de máquinas desejantes que emergem de uma comunidade. Nessa perspectiva, a arte e, por sua vez, a ficção possibilitam uma fábrica de desejos a partir de acontecimentos e de atos de fala. Dessa maneira, a ficção, a arte e o desejo convergem num encontro de forças ativas, pois o desejo mobiliza, inclusive politicamente, os sujeitos. Ana Maria Machado, pelo que se conhece dela, está muito atenta a esses contornos linguístico--literários e filosóficos, haja vista sua contribuição não apenas ficcional, mas pelos muitos ensaios publicados e reunidos em matéria de teoria e crítica da cultura, tais como: *Contracorrente* (1999), *Texturas: sobre leituras e escritos* (2001), *Como e por que ler os clássicos universais desde cedo* (2002), *Recado do nome* (2003), *Ilhas no tempo: algumas leituras* (2004), *Romântico, sedutor e anarquista: como ler Jorge Amado hoje* (2006), *Balaio: livros e leituras* (2007) e *Silenciosa algazarra* (2011).

---

2   Tradução nossa. No original: "[...] se acerca más a Nietzsche quien afirmaba que hay fuerzas reactivas. Las activas tienen el poder de la transformación, afirmación diferencial, son potencias, pueden abrir nuevas formas; las reactivas tienden a la conservación, adaptación y supervivencia".

Inventar histórias ou narrar é, portanto, uma necessidade que se diria universal, se pensamos, apenas para citar dois extremos, na importância dos fabuladores nas culturas primitivas e na difusão atual da narrativa de consumo, cinema, telenovela etc. A capacidade de dar vida a um mundo possível parte do escritor, e a atitude do leitor/espectador/ouvinte deve ser tal que se deixe introduzir nesse mundo por meio da palavra, visto que é a palavra que conduz à elaboração programada do mundo.

2 A trama

O mundo da ficção é um laboratório de formas, assinala Ricœur (2001: 21), no qual ensaiamos configurações possíveis de uma ação para experimentar sua coerência e suas condições de possibilidade. A reflexão atual sobre a narratividade inaugura, então, um novo modo de compreender a dimensão epistemológica e estética dos relatos. Ricœur postula, por isso, o conceito de "inteligência narrativa", mais condizente com o que vamos entender, aqui, por trama, tessitura, costura, algo da ordem de um trabalho manual, no que diz respeito à configuração narrativa de Ana Maria Machado. Assim, a trama que se articula nos fios desse material têxtil que se converte em matéria textual é a "inteligência", o modo como a autora traduz o sentido da realidade narrada, isto é, a experiência a ser transmitida, entremeada, sem dúvida, por suas memórias como leitora, ainda na mais tenra idade.

A inteligência narrativa é, por isso mesmo, uma trama, uma malha da memória dos afetos, uma operação estruturante capaz de combinar hermeneuticamente os acontecimentos narrados, de modo que sejam liberados de um registro uniforme, de uma taxonomia ou de uma nomenclatura paradigmática. Dessa forma, a trama narrativa converte-se, segundo Klein (2014: 72), no modo privilegiado de dar a conhecer uma experiência temporal atravessada por muitos sentimentos e sensações. Como se nota, não se trata de colocar para funcionar uma estrutura, trata-se de uma operação que consiste na seleção e na combinação de acontecimentos e ações relatados que convertem a fábula em questão ou o relato da própria vida em uma unidade temporal completa e inteira. Armar um relato é, pois, configurar uma narrativa, dispondo-a, também, no espaço-tempo, ordenando ingredientes heterogêneos em uma totalidade inteligível. A intriga ou a trama de um relato permite, assim, perguntarmo-nos pelo tema ou pelo mote da narração.

De volta à *Menina bonita do laço de fita*, trata-se de uma pergunta reiteradamente dirigida a uma menina *pretinha*, personagem não nomeada pelo narrador, assim como o coelho que é apenas "branco, de orelha cor-de-rosa, olhos vermelhos e focinho nervoso sempre tremelicando" (Machado, 1986: 7). A esse respeito, em *O mistério do coelho pensante*, de Clarice Lispector, a autora destaca que o coelho, meio desacreditado e anônimo, tinha a mesma especialidade de todos os demais coelhos: "[...] o jeito de pensar as ideias dele era mexendo depressa o nariz [...] para conseguir cheirar uma só ideia, precisava franzir quinze mil vezes o nariz" (2010: 177-178). Contudo, nenhum dos nossos dois coelhos parece tão bobinho, pois, de igual modo, em Ana Maria Machado, *Menina bonita do laço de fita*, além de ser o título da história, é, também, o insistente vocativo utilizado pelo coelho ao se reportar à menina, sem desistir de querer saber o "segredo pra ser tão pretinha". Essa configuração garantirá a base da inteligibilidade do texto de Ana Maria Machado e, consequentemente, a sua compreensão, dado que a trama não é jamais um somatório de ocorrências isoladas, construído a partir de cada resposta inventada pela menina, mas é algo crescente que acompanha o desenrolar das perguntas do coelho e as invencionices da menina ao responder, com a posterior reação do coelho e suas consequentes frustrações, até que encontra a menina, acompanhada da mãe, que lhe dá, finalmente, a tão esperada e efetiva resposta: "artes de uma avó preta que ela tinha" (Machado, 1986: 15).

Essa inter-relação de acontecimentos (pergunta pelo "segredo pra ser tão pretinha", respostas inventadas, tentativas frustradas do coelho para tornar-se preto, segundo indicações da menina) não constitui uma proliferação arbitrária nem infinita de fatos, mas um ordenamento baseado em um princípio de seleção orientada que busca uma finalidade, uma totalidade significante. Tudo isso abre espaço para o diálogo e a diferença, evidenciando possibilidades discursivas entre os diferentes: a menina é pretinha e, porque não sabe o que responder, hesita, inventa histórias; o coelho, por sua vez, é branco, insistente, assertivo, desejoso de saber e determinado; ambos encontram-se, portanto, bem configurados em suas ações e condições de enunciação.

Ainda na perspectiva de Ricœur, os relatos são sempre um todo estruturado por uma dupla organização temporal: a puramente episódica (os eventos se organizam cronologicamente – as perguntas realizadas pelo coelho, seguidas de suas ações com o intuito de realizar o que dizia a menina e que o tornariam pretinho como ela) e a dimensão semântica (os acontecimentos não proliferam de maneira arbitrária, tampouco indefinida, mas configuram-se por um princípio de seleção que atende a uma totalidade significante – a resposta da mãe e a esperteza do coelho, "que era bobinho, mas nem tanto"), como revela o narrador (cf. Machado, 1986: 16). Vale recordar, por isso, outro paralelo com o *coelho pensante*, de Clarice Lispector:

> Coelho tem muita dificuldade de pensar, porque ninguém acredita que ele pense. E ninguém espera que ele pense. Tanto que a natureza do coelho até já se habituou a não pensar. E hoje em dia eles todos estão conformados e felizes. A natureza deles é muito satisfeita: contanto que sejam amados, eles não se incomodam de ser burrinhos. (Lispector, 2010: 180)

Esse anúncio sobre a capacidade intelectual dos coelhos é surpreendente em ambas as histórias, mas evidencia uma força contrária, pois, em Ana Maria Machado, o animalzinho logo vai entender o que a mãe da menina queria dizer com "artes de uma avó preta que ela tinha" (Machado, 1986: 15), desvendando o segredo de ser tão pretinha, porque, afinal, "a gente se parece sempre é com os pais, os tios, os avós e até com os parentes tortos" (Machado, 1986: 16). Clarice Lispector, adiante, ainda vai acrescentar mais elementos sobre o mistério do coelho:

> Você me pediu para eu descobrir o mistério da fuga do coelho. Tenho tentado descobrir do seguinte modo: fico franzindo meu nariz bem depressa. Só para ver se consigo pensar o que um coelho pensa quando franze o nariz. Mas você sabe muito bem o que tem acontecido. Quando franzo o nariz, em vez de ter uma ideia, fico é com uma vontade doida de comer cenoura. E isso, é claro, não explica de que modo Joãozinho farejou um jeito de fugir das grades. Se você quiser adivinhar o mistério, Paulinho, experimente você mesmo franzir o nariz para ver se dá certo. É capaz de você descobrir a solução, porque menino e menina entendem mais de coelho que pai e mãe. Quando você descobrir, você me conta. Eu é que não vou franzir meu nariz, porque já estou cansada, meu bem, de só comer cenoura. (Lispector, 2010: 198-200)

O que se narra exige, como se vê, uma operação complexa. Exige, em primeiro lugar, que faça sentido. Tanto em Ana Maria Machado quanto em Clarice Lispector, a narrativa tem profundidade e conta com a parceria do leitor/espectador/ouvinte. Ambas nos fazem compreender, rapidamente, acontecimentos simples com especulações profundas. Vem à tona a força de pensamentos que (se) movem. Em Clarice Lispector, a saída misteriosa do coelho do lugar-comum de sua gaiola abre perspectivas: o que faria o coelho em liberdade; em Ana Maria Machado, a revelação do que o coelho precisava entender: qual era o segredo da menina bonita do laço de fita para ser tão pretinha e o que ele deveria fazer efetivamente: procurar uma coelhinha preta para se casar e ter seus filhotes, possivelmente pretos como a menina e como a coelhinha de quem se havia enamorado.

Não são necessários grandes esforços nesses desfechos, pois toda narração encontra seu ponto de partida no mundo da experiência da vida cotidiana, que já possui, segundo Ricœur (1995: 116), uma estrutura ou prefiguração. Por outro lado, isso implica dominar uma rede conceitual que permite distinguir o campo da ação do mero movimento físico: a ação de alguém obedece a fins, remete a motivos que explicam por que se realiza algo. Além disso, dizer que ações são motivadas permite reconhecer que são levadas a cabo por um agente que decide entre diferentes possibilidades.

A inteligência narrativa, segundo Ricœur, exige, pois, um conhecimento compartilhado por parte do narrador e do leitor/espectador/ouvinte dessa rede conceitual, como também da integração e da atualização de seus termos, o que equivale a dizer que, ao dispor os acontecimentos de maneira sequencial, os eventos receberão uma significação efetiva. Um sistema simbólico confere, então, às ações uma primeira significação, porque são consideradas pelos que a recebem como histórias legíveis ou dignas de se contar, uma vez que podem ser decifradas pelos demais atores do jogo social. É o que, sem dúvida, o narrador espera que o leitor/espectador/ouvinte faça: que acione seu conhecimento de mundo e sua rede conceitual para distinguir e colocar para funcionar a história que vai sendo contada, na justa medida da enunciação, sem resvalar em digressões e sem economias discursivas deliberadas, considerando-se a tipologia textual e o público que se quer privilegiar.

O ato de ler e ouvir o desenvolvimento de um texto como este de Ana Maria Machado e ao assisti-lo, como vimos acontecer com o Paulinho, interlocutor da obra de Clarice Lispector, implica uma operação de interpretação e reconfiguração de um mundo que passa a fazer sentido. Aceita-se, tranquilamente, um coelho que pensa e fala, por exemplo, com uma menina que lhe dá respostas sem cabimento para os fins que ele deseja alcançar. Trata-se da interseção entre o mundo do texto e o mundo do leitor/espectador/ouvinte. A inteligibilidade narrativa permite, assim, que os sujeitos reconheçam os signos culturais que os identificam e formam – único modo de compreender o mundo e a si mesmo – como seres históricos constituídos no tempo. Consequentemente, podemos afirmar que, mediante a ficção, conhecemos mais o mundo e os dramas da existência, ainda que por meio de um coelho.

Também é verdade que o confronto com a alteridade intervém nesse processo de autoconhecimento: o coelho jamais seria pretinho seguindo os conselhos inventados pela menina: pintar-se de preto, tomar muito café, comer muita jabuticaba... A subjetividade se compreende, como se vê, num *entre-lugar*, como dirá o ensaísta e crítico literário Silviano Santiago em *Uma literatura nos trópicos: ensaios sobre dependência cultural* (2000), numa fronteira que delimita, separa e demarca, mas também permite o contato e aproxima, potenciando o discurso de quem se encontra em fluxo e em mudança, nos seus processos de enunciação e, consequentemente, em deslocamento, em busca de afeições e de razões para se sedimentar e permanecer.

É o que experimentamos em diversos níveis durante a leitura deste texto de Ana Maria Machado, bem como na narrativa de Clarice Lispector. Abrem-se espaços ricos de enunciação, evidenciando um *entre-lugar* narrativo que anuncia a fecundidade existente nos intervalos dos embates e das configurações metafóricas que reconfiguram a ficção, antropologicamente falando, para retomar as palavras de Juan José Saer, como fabulação criadora e como articulação e não exclusão de elementos da realidade objetiva e da expressão subjetiva. Consequentemente, compareçem juntos o verossímil e o inverossímil, a verdade e a fantasia, enquanto assistimos à performance das personagens seguindo fielmente o fio da trama que vai sendo engenhosamente construída à medida que o narrador alinhava as explicações imaginativas da menina em contraste com as ações empíricas frustradas, realizadas pelo coelho para alcançar seu objetivo. A ficcionalidade "abre um espaço de jogo entre todas as alternativas enumeradas e dá condições para que aconteça o jogo livre que milita contra todo tipo de determinação"[3], segundo Iser (1997: 65), unindo princípio e fim, para criar possibilidades. O êxito de tudo isso será sempre uma ampliação da experiência individual e, por que não, coletiva.

Com efeito, Ana Maria Machado não apenas descortina um mundo de possibilidades para o coelho em suas novas condições de enunciação, depois de dar-se conta da verdade, com uma ninhada bem variada de filhotes. A autora celebra, também, a diversidade dos indivíduos, mesmo os nascidos de mesmo pai e mesma mãe: "Tinha coelho pra todo gosto: branco bem branco, branco meio cinza, branco malhado de preto, preto malhado de branco e até uma coelha bem pretinha" (Machado, 1986: 21). Nota-se, ainda, com terna discrição e com uma dose de humor, a explicação dada para o nascimento dos bebês, bem como a fertilidade deliberada dos coelhos. Há aqui, também, encaminhando-nos para o desfecho, um toque sutil de profundo respeito, expresso na cordialidade risonha e elegante da mãe da menina, realmente uma educadora, que resolve "se meter" na história ao flagrar as *mentiras* da filha, que podem ser entendidas como

---

3   Tradução nossa. No original: "[...] abre un espacio de juego entre todas las alternativas enumeradas, y da pie al libre juego que milita contra todo tipo de determinación".

desinformação ou desconhecimento total do "segredo pra ser tão pretinha". O adulto intervém e ensina sem invadir ou desconstruir a trama urdida, e ainda o faz de maneira extremamente delicada e poética: "artes de uma avó preta que ela tinha" (Machado, 1986: 15). Com isso, a mãe instrui, educa, provoca e instiga indistintamente os dois e o público leitor/espectador/ouvinte, diminuindo a ansiedade do coelho que voltava para perguntar pela quarta vez pelo segredo da menina, quem já lhe daria outra resposta inventada: "uma história de feijoada..." (Machado, 1986: 15).

3 Considerações finais

O primeiro contato que tive com a obra de Ana Maria Machado foi em 1998, durante uma oficina de contação de histórias desenvolvida, objetivamente, para profissionais que lidavam com o público infantil da rede municipal de educação, mais especificamente para as escolas da prefeitura de Belo Horizonte. Éramos muitos educadores e auxiliares de biblioteca escolar responsáveis por dinamizar o gosto pela leitura e a formação literária nos mais diferentes espaços e tempos formativos, dentro e fora da sala de aula. O nome da educadora que propôs a performance da obra *Menina bonita do laço de fita* não ficou retido em minha memória, mas sua voz e sua musicalidade, assim como seus gestos delicados e seu olhar cheio de suspense, ainda permanecem na memória afetiva. A história evoluía inteligentemente a cada frustração do coelho, e o público, inteiramente composto por adultos, era convidado a cantar com a educadora: "menina bonita do laço de fita, qual é teu segredo pra ser tão pretinha?".

A esse respeito, Paul Zumthor afirma:

> A performance dá ao conhecimento do ouvinte-espectador uma situação de enunciação. A escrita tende a dissimulá-la, mas, na medida do seu prazer, o leitor se empenha em restituí-la. [...] A noção de enunciação leva a pensar o discurso como acontecimento. (2007: 70-71)

Desse modo, por tudo o que vimos até aqui, ampliamos o fenômeno performático até a categoria do leitor, visto que ler é, também, um ato performativo. Podemos contemplar a performance sob o ponto de vista não apenas do ouvinte-espectador, como havia proposto Zumthor, mas, como temos insistido desde o início, na perspectiva do leitor/espectador/ouvinte, pois o ato de ler é mais do que ver e interpretar: ler é entrar corporalmente numa ficção e habitá-la a partir de dentro; ler é entrar na história e incorporá-la.

Certamente, por essa razão, a composição do lugar e o evento permaneceram em mim, a despeito do tempo transcorrido. A aplicação de sentidos e a interação realizada nesses atos performativos que constituem e envolvem o leitor/espectador/ouvinte fazem com que cada um assuma, assim como os personagens e o narrador, sua própria voz, corporificando suas sensações, verbalizando suas impressões e inscrevendo-se na trama das representações sociais e discursivas. É, portanto, nesse ato performativo que nos deixamos afetar e determinar pelo texto e pelo contexto ficcional à medida que lidamos, também, com nossa própria identidade e mecanismos de enunciação.

A performance da voz ficcional de Ana Maria Machado é, por isso mesmo, poética, com toda força enunciativa que isso implica. Nesse sentido, anuncia uma presença plena e eivada de sensorialidade afetiva. A ficção acolhe e dá voz às alteridades que entram nessa relação, incluindo-se leitor/espectador/ouvinte, razão pela qual *Menina bonita do laço de fita* não negligencia nenhuma voz, mesmo as que poderiam estar silenciadas nas malhas do discurso, sob grossa camada de preconceito racista e exclusão. Ao contrário, as vozes que habitam as lacunas de muitos espaços obliterados no momento mesmo de sua enunciação são convocadas à reconfiguração da cena enunciativa em seu estado pleno, pois são capazes de atualizar as demandas e a pauta discursiva, além de ensinar e formar para atuação imaginativa, criativa e reivindicativa, se necessário.

Ana Maria Machado convoca a potência da ficcionalidade, iniciando um diálogo em que as personagens integram *poiesis* e *logos*, reúnem corpo e voz, restabelecem a unidade da performance, unidade talvez perdida para nós, leitores/espectadores/ouvintes; no entanto, unidade necessária para pensar uma compreensão mais alargada da nossa discursividade, afetividade e atuação no mundo. Exercício e esforço pessoal e coletivo que envolvem posturas, ritmos, culturas, histórias, demandas sociais, sentidos de pertença, diálogos, narrativas, construções interativas e respeito mútuo.

A singularidade desse ato performativo da palavra poética da ficção perdura e se atualiza, por mais que mudem suas formas com o passar dos anos. Para Zumthor (2007), essa singularidade reside no fato de que essa voz traduz uma mensagem que, além de se corporificar, provoca o resgate de um tempo, de uma espacialidade vozeada, que dura frente ao que é efêmero e afeta os ritmos internos do corpo do leitor/espectador/ouvinte, capturando-o por instantes. Sua recepção, mesmo quando silenciosa, vai realizar, também, um ato performativo e imaginativo intenso capaz de criar em presença de um *corpus*, na presença de um corpo que reverbera: a própria obra ultrapassando-se.

Isso equivale a dizer que a palavra poética ficcional de Ana Maria Machado rompe as fronteiras do texto escrito e se projeta como obra performática no espaço de uma presença viva, devolvendo essa voz transformada, apropriada outra vez para a cultura e para a tradição. Basta ver a quantidade de materiais produzidos

"Menina bonita do laço de fita, qual é o teu segredo...?"...

a partir de sua extensa obra: espetáculos realizados no teatro e em vídeos que circulam pelas redes sociais atestam isso. Essa é, portanto, a capacidade performática da ficção, em quaisquer de suas atualizações e sistemas semióticos: na dança, no teatro, na televisão, na pintura, na fotografia, no ícone, no canto, na literatura, no cinema, nos vídeos, nos telefones celulares ou nos computadores.

A palavra dando-se, assim, numa performance, promete continuar provocando e despertando sensações múltiplas, em seus leitores/ espectadores/ouvintes, ganhando corpo, voz, som, sentido, movimento, cores, odores, sabores, texturas... Afinal, o fio da trama continua, e a narrativa seguirá pespontada de memórias da(s) leitura(s) feita(s) em franco diálogo e com linguagem acessível para os pequenos e instigante para os adultos, convidados todos para o reconto e para a recriação estendida da ficção que não para por aqui, porque

> [...] quando a coelhinha saía de laço colorido no pescoço, sempre encontrava alguém que perguntava: 'Coelha bonita do laço de fita, qual é teu segredo pra ser tão pretinha?' E ela respondia: "Conselhos da mãe da minha madrinha...". (Machado, 1986: 22)

Referências bibliográficas

BERGSON, Henri. *La evolución creadora*. Madri: Aguilar, 1948.

BRAND, Ángela M. Chaverra. "Fabular un pueblo a través del arte". *Educar em Revista*, 67, jan./fev., 2018. Disponível em: https://www.scielo. br/pdf/er/v34n67/0104-4060-er-34-67-39.pdf. Acesso em: 7 jun. 2024.

DELEUZE, Gilles. *Conversações*. São Paulo: Editora 34, 2013.

DELEUZE, Gilles. *Lógica do sentido*. São Paulo: Perspectiva, 2003.

ISER, Wolfgang. "La ficcionalización: dimensión antropológica de las ficciones literarias." *In*: A. G. Domínguez (Org.). *Teorías de la ficción literaria*. Madri: Arco/Libros, 1997.

KLEIN, Irene. "Tramar mundos ficcionales. La ficción entre la teoría y la práctica de la escritura." *Revista Luthor*, n. 21, set. 2014.

LISPECTOR, Clarice. *O mistério do coelho pensante e outros contos*. Rio de Janeiro: Rocco Digital, 2010.

MACHADO, Ana Maria. *Menina bonita do laço de fita*. São Paulo: Ática, 1986.

PAVEL, Thomas. *Mundos de ficción*. Caracas: Monte Ávila, 1991.

RICŒUR, Paul. *Del texto a la acción*. Buenos Aires: Fondo de Cultura Económica, 2001.

RICŒUR, Paul. *Tiempo y Narración I*. México: Siglo XXI, 1995.

SAER, Juan José. *El concepto de ficción*. Barcelona: Rayo Verde, 2016.

ZUMTHOR, Paul. *Performance, recepção e leitura*. São Paulo: Cosac Naify, 2007.

Ana Maria Machado: desejos, lutas e sonhos em meio século de escrita feminista

Elvira Luengo Gascón
Universidade de Zaragoza, Espanha

1 Introdução

A narrativa machadiana se nutre de relatos com histórias aparentemente simples, nas quais se aborda o realismo infantil com fantasia e sentido lúdico. As personagens femininas – suas heroínas –, são mulheres livres, independentes e aventureiras, que rompem com o estereótipo de gênero imposto pela cultura e oferecem soluções na base da igualdade. Em sua obra, a experimentação com a linguagem é constante. A crítica e a desconstrução de modelos sociais mostram histórias de grande complexidade na estruturação do relato, como no caso de *Bisa Bia, Bisa Bel*.

Ana Maria Machado publicou dez romances, doze livros de ensaios e mais de cem títulos para crianças, contando com traduções em vinte países. Sua obra é muito bem-recebida pelos leitores (com mais de 20 milhões de livros vendidos) e pela crítica, como provam seus mais de quarenta prêmios. Entre outras distinções, recebeu o Hans Christian Andersen, em 2000, o Casa de las Américas, o Life time Achievement Award, o Príncipe Claus, o Iberoamericano SM e, no Brasil, o mais alto prêmio nacional pelo conjunto de sua obra, o Machado de Assis, além de ter recebido três vezes o Prêmio Jabuti. Participa habitualmente de encontros, projetos, seminários, congressos sobre promoção de leitura e cimeiras internacionais sobre políticas para a leitura em nível mundial.

De sua ampla produção literária, selecionamos três obras que apresentam características coincidentes, interessantes para a comparação crítica: *História meio ao contrário, O Príncipe que Bocejava* e *A Princesa que Escolhia*. O projeto literário e conceitual nas três obras oferece certa homogeneidade literária e semântica. A análise focaliza dois aspectos: em primeiro lugar, nos gêneros literários; a experimentação com a linguagem e o tratamento de alguns desses gêneros. A metodologia, ou o *modus operandi*, demonstra a presença das teorias do Oulipo (*Ouvrier de Littérature Potentielle*), vanguardas do século XX que se iniciram em Paris, em 1960. As linhas fundamentais do Oulipo coincidem com as técnicas vanguardistas dessas três obras machadianas como fruto da busca artística e da experimentação. Essa linguagem o traslada à reconfiguração do conto popular como gênero literário, deconstruindo-o; o conto de fadas se transforma com a ruptura dos arquétipos, estereótipos, funções e motivos clássicos no conto literário moderno com o selo pessoal de uma escrita sempre exigente e inovadora.

Em segundo lugar, aborda-se a perspectiva de gênero manifesta nesses relatos. A aposta da autora defende a aniquilação dos estereótipos de gênero. Exerce-se uma demolição do patriarcado e das construções culturais, baseadas em preconceitos e mitologias urbanas em torno dos papéis de gênero. Machado oferece sempre propostas feministas para a infância e para a sociedade: feminismo, democracia e educação.

2 *Ouvrier de Littérature Potentielle (Oulipo)*

Na narrativa infantil e juvenil da autora, se manifesta um interesse pela experimentação e o prazer da escrita, fatores que podemos relacionar com Roland Barthes e o Oulipo. São essas as influências mais agudas nos anos de formação da escritora em Paris. A concepção literária de Barthes, professor e orientador da tese de doutorado que Ana Maria defendeu na Sorbonne, transita pela obra machadiana, entre outros sinais de identidade. Em sua poética, aparece a potencialidade da literatura, que reafirma a descoberta entre a teoria e a práxis oulipiana. O componente lúdico em Machado é fundamental; o jogo com as palavras se alicerça na conceituação, na ruptura da norma, na imaginação e no pensamento crítico (*Palavras, palavrinhas e palavrões* ou *Bento que bento é o frade*). Essa escrita vincula-se com a estética do Oulipo, fundado por Raymond Queneau e François Le Lionnais.

O valor das obras da modernidade é apreciado em sua duplicidade, apontou Barthes em *O prazer do texto*. No ensaio, ele afirma que a cultura se instala no limite, na margem, não importa de que forma. Barthes inverte o velho mito bíblico para afirmar que a confusão de línguas não é um castigo, e sim que o sujeito alcança a fruição pela coabitação das linguagens: "O texto do prazer é a Babel feliz [...] a possibilidade de uma dialética do desejo" (Barthes, 1973: 10-11). Em Machado, a experimentação com as palavras e com os jogos nasce das infinitas possibilidades semióticas que deles se desencadeiam.

Os escritores que configuram a estética oulipiana se referiam à existência de signos anteriores entre os grandes clássicos que constituem seus precedentes. Em *La Lipo (Le Premier Manifeste)*, Le Lionnais afirmava:

> Toda obra literária é construída a partir de uma inspiração que tende a se adaptar da melhor maneira possível a uma série de restrições e de procedimentos que se encaixam como bonecas russas. [...] Na pesquisa que o Trabalhador pretende realizar, é possível distinguir duas correntes principais orientadas, respectivamente, para a Análise e a Síntese. A corrente analítica opera com as obras do passado para nelas encontrar possibilidades que vão além do que suspeitavam seus autores. (1973: 20-21)

A segunda tendência fundamental na qual se baseia a literatura potencial é a sintética: "ela constitui a vocação essencial da (Oficina de Literatura Potencial). Trata-se de abrir novos caminhos desconhecidos por nossos antecessores" (*Ibid.*). Como afirma Le Lionnais: "Em resumo, o *anoulipisme* é voltado à descoberta, o *synthoulipisme* à criação" (Barthes: 22).

Estamos diante de um processo universal, por isso, e não por acaso, ambas as tendências essenciais oulipianas estão também presentes na poética da autora. A memória, a recordação e o passado são constantes que a acompanham, juntamente com o humor, o jogo e a experimentação com a linguagem.

Em *Le Second manifeste*, Le Lionnais chama a atenção para os aspectos semânticos das obras literárias. As obras oulipianas não apenas se atêm à perspectiva "sintáxica, *structurEliste* (não *structurAliste*)"[1], como sua criação deve contemplar também a semântica.

3 *O Príncipe que Bocejava*

O príncipe desse conto, diante da obrigação de ter de escolher uma esposa para se casar, deve conversar com muitas pretendentes. Todas provocam-lhe um enorme aborrecimento, tanto que o fazem bocejar, porque são mulheres estereotipadas, incultas, superficiais e fofoqueiras. Os médicos pensam que o príncipe pode estar enfermo, mas não é isso:

> É que nem podia ouvir falar em princesa que se lembrava das conversas que tinha ouvido. De todas aquelas moças falando de roupas e do cabeleireiro e do namorado de uma

---

1 Aqui parece residir um jogo de palavras operado entre o termo "estruturalismo" e a noção de elite ("estructurEliste"). (N.E.)

amiga e da irmã da vizinha e do último lançamento da butique e do regime que a prima da cunhada tinha feito [...]. (Machado, 2004: 11)

O clichê de um tipo de mulher serve de paródia e contraponto para mostrar o outro extremo feminino com o qual o príncipe se encontra quando realiza uma longa viagem de trem. A mulher desconhecida do trem é uma leitora incansável, assim como o príncipe. O vínculo que os une e que os atrai é o mundo da cultura e o conhecimento que os eleva até o universo enriquecido por experiências graças às viagens que empreendem juntos, não apenas geograficamente, mas também intelectual e imaginariamente. Sua relação se assenta sobre a base do intercâmbio cultural, e, desse modo, com o passar do tempo, crescem e envelhecem juntos, vivendo uma história de amor um pelo outro e de amor aos livros que leem:

Daí a alguns meses a Princesa que Lia e o Príncipe que Não Bocejava Mais voltaram para casa e se casaram. Não sei se viveram felizes para sempre. Mas por muitos e muitos anos, até onde a memória alcança, tiveram assunto para conversar e se divertir. Leram muito. (Machado, 2004: 20)

Na história, o prazer da leitura se desenvolve até suas consequências máximas, como motor de vida e alimento espiritual. Machado, convencida da necessidade de ler, de educar literariamente as crianças, expõe esses princípios em "Direito deles e dever nosso", ensaio em que demonstra que eles vão mais além da busca estética e da linguagem poética:

Só a possibilidade de leitura de literatura, acessível a uma grande maioria de cidadãos, poderá reforçar a coletividade diante da manipulação do mercado, dos interesses políticos, dos fundamentalismos religiosos, das ambições pessoais de ditadores. [...] Aproximar as crianças dos bons textos é também um modo de fortalecer suas defesas e cuidar de seu futuro. É um direito delas e um dever nosso. (2008: 26)

A leitura como direito alimenta sua obra criativa e seus ensaios em torno da necessidade de fomentar e facilitar os meios para que todos e todas leiam.

4 *A Princesa que Escolhia*

A protagonista desse conto é uma princesa que sempre foi muito obediente, até que um dia disse "Não". O rei pensava que "princesa só serve para ficar aprendendo a ser linda e boazinha, enquanto seu príncipe não vem". Então castigou a princesinha: "Vai ficar trancada na torre! Só sai de lá quando voltar a ficar boazinha" (Machado, 2006: 8). O rei considera as mulheres como objetos decorativos, sem voz; para ele, as mulheres existem apenas para servir e obedecer aos homens. No entanto, o castigo – a prisão e o isolamento da menina na torre, rodeada de livros – tem uma parte libertadora na qual o rei autoritário não havia pensado: o conhecimento através da leitura. Nessa torre ficavam os antigos aposentos de um mago, com uma grande biblioteca: "a maior das maravilhas. Tinha um monte de livros e computador com acesso à internet. E ela lia, lia, sem parar" (Machado, 2006: 15). A princesa gostava de contar as histórias que lia, conversar com todos sobre o que aprendia e de escutar os relatos do povo. Em outras palavras: ela fomentava a transmissão e difusão da cultura.

A autora intercala a contística popular mediante diálogos intertextuais entre suas personagens, diálogos que estão integrados em sua escrita, de maneira que possam ser reconhecidos por um leitor competente. Há a referência a Rapunzel, privada de liberdade, encerrada numa torre por seu pai, e ao mago Merlin, retirado do mundo, dedicado ao estudo, acompanhado somente pelos prazeres da leitura. Merlin representa o saber livresco e a erudição, modelo masculino de sábio que a menina quer imitar: "Quero fazer que nem o mago que morava lá na torre. Quero estudar muito, viajar muito, conhecer outros lugares e outras pessoas" (Machado, 2006: 33). Não obstante, a heroína desse conto não permanece, como Merlin, isolada do mundo. O arquétipo do sábio recluso é desconstruído e, no lugar, temos uma princesinha convertida numa mulher ativa, que se relaciona com homens e mulheres do reino para despertar suas mentes e transformá-los em cidadãos livres, participantes de um Estado dialogante e democrático.

A autora exalta a leitura como valor primordial, não apenas a leitura por prazer, mas a leitura científica, o acesso ao conhecimento que ajudará a erradicar uma epidemia no reino. A menina fala com o rei e expõe diante dele os conhecimentos adquiridos para compreender as origens da epidemia e, assim, exterminá-la. O discurso narrativo machadiano denuncia a ignorância e reclama para todos o acesso à cultura, necessária para alcançar a liberdade. De maneira pacífica, em reconhecimento à contribuição da menina, o rei recompensa a filha e, assim, a princesinha recupera a liberdade e o direito de decidir e fazer escolhas. O tratamento do amor romântico e do matrimônio por contrato são rechaçados nos relatos machadianos: suas protagonistas se rebelam. Machado recorre de novo à paródia mediante a aproximação intertextual de maneira lúdica. Seu posicionamento aparece já no título do conto: os pretendentes são desmitificados; a autora os converte em personagens simples que vão e vêm para ocupar o lugar dos príncipes dos contos mais famosos. Assim, o relato se atualiza, fundindo o realismo com a ficção e os elementos maravilhosos arquetípicos do conto de fadas:

> O primeiro era todo esportivo, gostava de escalar monta-
> nhas e subir em paredes. Não era um marido que a princesa
> quisesse escolher. Ela lembrou de uns livros que tinha lido
> e sugeriu:
> — Sabe aquele deserto assim naquele lugar assim assado?
> Pois lá tem uma torre enorme, com umas tranças pendura-
> das, ótimas de escalar.
> O príncipe seguiu o conselho, foi lá, e daí a pouco tempo
> estava casado com uma tal de Rapunzel. (Machado, 2006: 31)

Esses infelizes príncipes não se livram da crítica feminista da autora, sobretudo no caso do Barba Azul. Os célebres nobres dos contos de fadas formam parte desse álbum metaficcional:

> O segundo pretendente conversava muito sobre criação
> de gado, fabricação de couro e exportação de calçados. Ela
> achou que ele devia ser bom para experimentar sapatinhos
> e escolheu uma boa noiva para ele. E daí a pouco tempo
> estava casado com uma tal de Cinderela. (Machado, 2006: 31)

Nesse desfile paródico, todos os personagens desse tipo aca-bam alcançando o casamento, ainda que a pena machadiana os vá despojando de seu tratamento principesco:

> O terceiro ficava logo íntimo, contava piadas, dava palma-
> dinhas nas costas dos ministros. A princesa achou que ele
> devia ser ótimo para desengasgar quem estivesse com maçãs
> entaladas e escolheu a noiva dele.
> Deu certo, porque em poucos meses ele estava casado com
> uma tal de Branca de Neve. (Machado, 2006: 31)

A fórmula que se reitera em cada caso – "pouco tempo depois se casou com uma tal de Rapunzel", "com uma tal de Cinderela", "com uma tal de Branca de Neve", "com uma tal de Bela Adormecida" –, antepondo o adjetivo "tal" diante de um substantivo, assinala falta de determinação ao referir-se a pessoas e se repete como uma ladainha sem fim. Estabelecem-se jogos semânticos ao opôr a concretização do nome da princesa diante da dúvida e da indeterminação:

> Outro falava alto, barulhento... era o marido ideal para outra princesa, coitada, que esperava havia tantos anos, esquecida de todos, dentro de um bosque cheio de espinhos. E foi assim que ele saiu e casou com uma tal de Bela Adormecida. (Machado, 2006: 31)

Esse contraste constitui uma piscadela ao leitor, um jogo com as palavras e os sentidos e uma interpelação, que é frequente na escrita de Ana Maria Machado e que enfatiza o triste destino das princesas que esperam por um príncipe que as salve e outorgue sentido à sua vida num universo patriarcal. As descrições dos pretendentes deconstroem o estereótipo dos contos de fadas. O caso de Barba Azul é tratado de maneira diferente; o jogo ao qual os outros são submetidos, nesse caso se torna dramático:

> Ela olhou bem para a cara dele, com aquela barba azulada, pensou, lembrou de umas coisas que tinha lido... e chamou a polícia. Ainda bem. Porque encontraram um monte de esqueletos de mulheres no Castelo do Barba Azul. No tal quarto onde ninguém podia entrar.
> A princesa ficou horrorizada. Não quis brincar com uma coisa tão séria. Mas bem que pensou: "Isso não era um príncipe, era um abismo, um *principício*. (Machado, 2006: 32)

Assim, delata-se o assassino de mulheres, e a princesa que escolhia, uma vez mais, é uma mulher ativa e decidida, que chama a polícia e denuncia o agressor.

Em *A Princesa que Escolhia*, Machado aposta na igualdade de gênero e na não discriminação, manifestando-se enfaticamente, porque a princesa se rebela contra a normatividade social: ela quer conhecer o mundo exterior para além dos muros do palácio que a mantém afastada da vida. A autora se posiciona e enfatiza a escolha de um modelo de sociedade democrática: "Eu adoro escolher. Então quero que todo mundo também escolha. Por isso, proponho que este reino seja parlamentarista. Vamos fazer eleições" (2006: 36). A tradição monárquica conservadora é relegada diante dos valores renovadores de uma sociedade moderna. Essa dissidência feminina supõe um basta à misoginia caduca e ao poder patriarcal real, incluindo a subalternidade e o servilismo da rainha, que é incapaz de rebelar-se contra seu papel de dama boba a serviço do rei.

Machado transgride as tópicas da narrativa popular para propor um conto novo, moderno e atualizado, subvertendo e parodiando esses valores das sociedades medievais. Do ponto de vista discursivo, podem-se distinguir três categorias estruturais que se desenvolvem no conto, fraturando as hierarquias e os estereótipos do conto de fadas tradicional: feminismo, democracia e educação. As normas sociais[2] que constituem nossa existência implicam desejos que não se originam em nossa individualidade, e a viabilidade de nossa individualidade depende fundamentalmente dessas normas sociais (Luengo Gascón, 2013b). Esse eixo vertebrado está presente na maior parte das obras infantis e juvenis da escritora. Assim, no romance *Palavra de honra* (2009b); em *Senhora dos mares* (2009c), livro-álbum que conta a história de uma menina que quer ser marinheira como os homens da família; em *Bisa Bia, Bisa Bel* (1982), relato no qual se juntam passado, presente e futuro da identidade feminina, subjazem esses conceitos-chave como motores do discurso literário machadiano. Para Judith Butler, "desfazer o gênero" é considerá-lo como uma forma de fazer, uma atividade incessantemente performada. O gênero próprio não se "faz" na solidão. Sempre está se "fazendo" para o outro, ainda que o outro seja somente imaginário (2006: 13).

---

2   Questões de gênero e de reconhecimento, visibilidade e etnicidade na obra de Machado foram tratadas em Luengo Gascón (2013a).

Também em *A Princesa que Escolhia* está instaurada a crítica social, política e educativa que se evidencia com a demolição do amor romântico. A princesa que escolhia se transforma numa mulher liberada que vai para a universidade e escolhe ser arquiteta, uma profissão tradicionalmente masculina; depois "resolveu estudar ainda mais, umas coisas de nome comprido: urbanismo e habitação popular. Quer dizer, como fazer uma cidade funcionar melhor e como fazer casas baratas para as pessoas" (2006: 35). Finalmente, a princesa se casa com o filho do jardineiro, rompendo com a tradição.

5 Considerações finais

A herança, a história, a cultura e a tradição explicam uma cultura de mestiçagem, comprometida e crítica que Machado reivindica em sua escrita juntamente com a cultura como direito para todos, a justiça e a igualdade entre homens e mulheres. Na mesma linha, Zipes afirma:

> O comportamento ativo e agressivo dos tipos masculinos dos contos de fadas 'clássicos' abre caminho para um ativismo de homens e mulheres, que descobrem juntos os desejos, os sonhos e as necessidades negadas pelas estruturas sociais e pelas instituições. (1986: 311)

Os exemplos na obra de Machado são constantes; suas respostas residem em universos femininos nos quais transitam avós, mães e filhas que empoderam modelos de visibilidade e rebeldia das mulheres, sempre protagonistas quando escritas por sua pena. E, nessa dialética, seu desejo é conseguir a mudança e o reconhecimento, como aponta Judith Butler:

> Entender o gênero como categoria histórica [...] é aceitar que o gênero, enquanto um modo de configurar culturalmente um corpo, é berto a um refazer contínuo, e que "anatomia" e "sexo" não são termos desprovidos de enquadramento cultural (como o movimento intersexo tem tornado explícito). [...] Termos como "masculino" e "feminino" são notoriamente mutáveis; existem histórias sociais para cada um deles [...]. (2002: 26)

Machado rompe tanto com a normatividade quanto com o binarismo genérico; em *História meio ao contrário*, a princesa tem aspirações, expectativas e reclama outro papel que a conduz à emancipação, à realização pessoal, ao estudo e à recusa do casamento por conveniência. Em *O Príncipe que Bocejava* e *A Princesa que Escolhia*, é abordada a desconstrução dos sistemas políticos monárquicos para promover os governos democráticos com as mesmas oportunidades educacionais para todos. Machado propõe um feminismo crítico, que defende a liberdade, a igualdade, o pensamento crítico, o desenvolvimento da imaginação e que é alheio a qualquer essencialismo bipolarizador dos sexos. Barbara Polla (2019) aponta que a arte de escrever constitui uma arma; a palavra e a imagem, uma ação, nunca uma arma de dominação. A poesia tem sido, é e poderá ser uma arma de combate para as mulheres, uma arma para existir, uma arma tão feminina como masculina, uma arma sem feridas, a possibilidade de um feminismo futuro.

Ana Maria Machado, na década de 1970, já mostrou questionamentos que hoje ainda estão atuais: estamos diante de uma escritora *avant la lettre* desde mais de meio século. A melhor homenagem é apreender o que nos transmite, reavivando suas propostas. Só nos resta desfrutar de seu enriquecedor universo literário: leiamos e releiamos suas obras para fazê-las conhecidas!

Referências bibliográficas

BARTHES, Roland. *Le Plaisir du texte.* Paris: Seuil, 1973.

BUTLER, Judith. *Desfazendo gênero.* Trad. de Victor Galdino *et al.* São Paulo: Unesp, 2022.

LE LIONNAIS, François. *Oulipo. La Littérature potentielle.* Paris: Gallimard, 1973.

LUENGO Gascón, Elvira. "Identidad y género en Ana Maria Machado: Reconocimiento, etnicidad y visibilidad". *Investigação em leitura, literatura infantil e ilustração.* Universidade do Minho, Braga, 241--261, 2013a.

LUENGO Gascón, Elvira. "Los juegos del OuLipo en los relatos de Ana Maria Machado. Trenza de gentes, familia y género". LORENZO GARCÍA, Lourdes; ROIG RECHOU, Blanca-Ana. (Orgs.), *La familia en la literatura infantil y juvenil.* Vigo/Braga: ANILIJ/ELOS, 197--216, 2013b.

LUENGO Gascón, Elvira. "De los lobos y los hombres: metaficción en *Se busca lobo* de Ana María Machado". *¿Me traduces una historia? La traducción en ámbito infantil y juvenil.* Bazzochi, Gloria (Org.). *Mediazioni. Rivista online di studiinterdisciplinari su lingua e culture,* 1-20, 2014.

LUENGO Gascón, Elvira. "Poéticas y políticas en la literatura infantil y juvenil: poelíticas de Ana Maria Machado, Mariasun Landa, María Ángeles Millán, Noemí Villamuza". Luengo Gascón, Elvira (Org.). *Miradas feministas sobre el cuento y el álbum en el siglo XXI. Revista de Literatura Comparada Infantil y Juvenil. Investigación en Educación,* n. 3, 7-33, 2019. Disponível em: https://papiro.unizar.es/ojs/index.php/ond/article/view/4389/3574. Acesso em: 1º jul. 2024.

MACHADO, Ana Maria. *Bisa Bia, Bisa Bel.* México: Fondo de Cultura Económica, 1982. [Ed. bras.: *Bisa Bia, Bisa Bel.* Ilustrações de Mariana Newlands. São Paulo: Salamandra, 2007.]

MACHADO, Ana Maria. *Historia medio al revés.* México: Fondo de Cultura Económica, 1992. [Ed. bras.: *História meio ao contrário.* Ilustrações de Renato Alarcão. São Paulo: Ática, 2010.]

MACHADO, Ana Maria. "Derecho de ellos y deber nuestro (Literatura Infantil: ¿Para qué?)". *In*: RAMOS, Ana Margarida; BOO, Carmen Ferreira (Orgs.). *Leer Placer*. Jaén: Luis Vives, 2008.

MACHADO, Ana Maria. *Al don Pirulero. Palabras, palabritas y palabrotas*. Buenos Aires: Emecé Editores, 2009a. [Ed. bras.: *Bento que bento é o frade*. Ilustrações de Cláudio Martins. São Paulo: Salamandra, 2003. *Palavras, palavrinhas e palavrões*. Ilustrações de Jótah. São Paulo: FTD, 2009.]

MACHADO, Ana Maria. *Señora de los mares*. La Coruña: Everest. Colección Leer es vivir, 2009c. [Ed. bras.: *Senhora dos mares*. Ilustrações de Rafael Polon. São Paulo: Gaia, 2012.]

MACHADO, Ana Maria. *La princesa que escogía*. Bogotá: Norma Colección Buenas noches, 2010. [Ed. bras.: *A princesa que escolhia*. Ilustrações de Mariana Massarani. Rio de Janeiro: Alfaguara, 2006.]

MACHADO, Ana Maria. *El Príncipe que bostezaba*. Bogotá: Norma. Colección Buenas noches, 2011. [Ed. bras.: *O príncipe que bocejava*. Ilustrações de Graça Lima. Rio de Janeiro: Nova Fronteira, 2004.]

MACHADO, Ana Maria. *Independencia, ciudadanía, literatura infantil*. Bogotá: Babel, 2012.

MACHADO, Ana Maria. "Una reflexión". LUENGO GASCÓN, Elvira. (Org.). *Miradas feministas sobre el cuento y el álbum en el siglo XXI. Revista de Literatura Comparada Infantil y Juvenil. Investigación en Educación*, n. 3, 34-50, 2019. Disponível em: https://papiro.unizar.es/ojs/index.php/ond/issue/current. Acesso em: 7 jun. 2024.

POLLA, Barbara. *Le Nouveau Féminisme. Combats et rêves de l'ère post--Weinstein*. Paris: Odile Jacob, 2019.

ZIPES, Jack. *Les Contes de fées et l'art de la subversion*. Paris: Payot & Rivages, 1986.

O veado e a onça: o sentido do ser ecológico e da casa

Maria da Luz Lima Sales

Instituto Federal do Pará

1 Introdução

O conto *O veado e a onça*, recontado por Ana Maria Machado (2004), fez parte de minha tese de doutorado ("A literatura infantil indígena como meio de promoção da educação multicultural: a intervenção didática em uma escola de Belém", Universidade de Évora, 2019). Pertence à literatura infantil brasileira: é uma das primeiras criações artísticas da literatura para crianças no Brasil. Fora contada pelo general Couto de Magalhães em *O selvagem*, obra de 1876, coletada de um anônimo nativo de etnia Tupi. Trata-se, pois, de uma história quase primordial, conforme nos ensina Coelho (2010), quando explica as origens da literatura, que, de início, era simplesmente transmitida oralmente. Estamos diante do primeiro registro de uma narrativa genuinamente nossa, que conta e reconta uma lenda indígena.

O artigo tem o objetivo de refletir acerca do sentido do ser ecológico e da casa, nossa moradia, na obra *O veado e a onça*, de Ana Maria Machado, pois, levando-se em conta inicialmente o termo "ecologia" – uma parte da Biologia que estuda as relações dos seres vivos com o meio ambiente –, já nos reporta ao relacionamento do veado, personagem principal da narrativa, além de sua arqui-inimiga onça e seu ambiente natural de convívio.

Os estudos aqui apresentados dessa narrativa infantil reúnem as pesquisas de Leonardo Boff (2001, 2017a e 2017b), que, preocupado com questões relacionadas ao meio ambiente, aponta-nos os conhecimentos acerca dos caminhos e das opções para uma vida em harmonia na Casa Comum, isto é, a Terra. Também recorremos à sabedoria dos indígenas, que escreveram a *Carta da Terra dos Povos Indígenas* em 1992*, importante documento em defesa do planeta. Por trabalharmos com versões de um conto popular, citamos ainda Câmara Cascudo (1984), Sílvio Romero (1954), Barbosa Rodrigues (1890; 1899) e Couto de Magalhães (1940).

O livro de Machado colabora para a divulgação dessa cultura tão rica e antiga, porém ainda negligenciada pela chamada literatura canônica. *O veado e a onça* traz a autoria nativa do indígena brasileiro, personagem que sofreu, e ainda sofre, diversas formas de preconceito e estigmas, mesmo em pleno século XXI. As narrativas indígenas foram e são contadas oralmente (e agora também por escrito) por nossos ancestrais e estão intimamente ligadas à cultura amazônica, repleta de sabedoria e beleza milenares.

Iniciaremos elaborando um trajeto histórico do conto *O veado e a onça*, desde o primeiro reconto, de Couto de Magalhães, passando por Sílvio Romero, Kaká Jecupé, até chegar a Ana Maria Machado. Em seguida, por tratarmos de literatura e ecologia, imbricados um no outro, desenvolveremos junto aos teóricos um conceito dessa ciência, ligando-a à ideia de *logus* (razão) no que se refere ao cuidado com o planeta Terra, conhecida pelos indígenas brasileiros como Mãe Sagrada. Num terceiro momento, trataremos da harmonia que deve haver entre os membros de uma *oikós* ou eco (casa) e a necessidade de sermos todos ecológicos, de nos preocuparmos com o meio ambiente, a nossa casa em comum.

2 *O veado e a onça* e outras versões dessa lenda

Classificada como uma narrativa já clássica da literatura infantil indígena, *O veado e a onça* tem várias versões e é recontada por

---

* Documento escrito na Eco-92 e ratificado em 2000.

Couto de Magalhães, Sílvio Romero, Kaká Jecupé e Ana Maria Machado. Com algumas poucas variações, pois quem conta um conto sempre lhe acrescenta um ponto, a exemplo de Jecupé, que usa o termo "onça" em nheengatu: *iauaretê*. A história recontada por Magalhães, que lhe foi narrada por um indígena Tupi, conta sobre um veado que, após escolher um bom local para construir sua casa, foi embora para voltar no dia seguinte. No entanto:

> [...] a onça, ignorando a escolha prévia do veado, escolheu o mesmo lugar; [...] aquele veio depois da onça ter se retirado, roçou e limpou o lugar; [...] a onça, vindo depois da retirada do veado, julgou que Tupã a estava ajudando. E assim trabalharam sucessivamente cada um supondo que era Tupã quem fazia o trabalho do outro, até que, concluída a casa, quando deram pelo engano, resultando daí uma situação de recíproca desconfiança e que é descrita com tanta singeleza quanta felicidade de fatos. (1940: 251)

A narrativa de Romero é quase idêntica à de Magalhães, inclusive no final, quando ambos não conseguiam dormir por causa do cansaço de vigiar um ao outro. À noite, ambos têm medo e muito sono, um desconfiado que o outro viesse apanhá-lo por serem os dois inimigos figadais. De repente,

> a cabeça do veado esbarrou no jirau e fez tá! A onça, pensando que era o veado que já a ia matar, deu um pulo. O veado também se assustou e ambos fugiram, um correndo para um lado e outro correndo para outro. (Romero, 1954: 334)

Kaká Jecupé escolheu para título da sua versão "Iauaretê e a anta", um dos contos de *As fabulosas fábulas de Iauaretê* (Jecupé, 2007), trazendo algumas mudanças no enredo, principalmente no desfecho e tendo como um dos protagonistas uma anta em vez do veado. Seu livro é do tipo de narrativa com estrutura de gênero encadeado, isto é, construída com episódios que concatenam o primeiro ao segundo, e assim sucessivamente, montando histórias que só terminam no final.

O conto da onça, chamada Iauaretê, imprime diferenças quanto à versão clássica narrada por Magalhães (idêntica à de Romero) e por Machado, pois, ao descobrirem que o trabalho de construção da casa era comum, e não querendo dividi-la, resolvem morar juntos apenas por um tempo enquanto labutam para erguer duas casas, uma para cada um dos animais, já que nem um nem outro suportava a presença do rival.

Chamamos atenção ao vocábulo "rival", que, segundo Portella (1984: 117), provém de "rio" ou *rivus* – do latim + *al*, como sufixo de adjetivo qualificativo, o qual significa, no sentido literal, que vive na "mesma margem do rio" –, porque, na história de Jecupé, era o que acontecia com Iauaretê e a Anta (Sales, 2019). Ambos rivais e vivendo perto do rio, em sua mesma margem, odiando-se e tentando conviver, mas não conseguindo, por serem de índoles diferentes.

O fim da narrativa contada por Jecupé traz um tom romântico à cena. Após discutirem muito pela vivenda construída com seu suor, resolveram os dois esquecer suas adversidades e tentar manter a paz: "Aprenderam a solidariedade. Talvez fosse isso que Tupã pretendia. Hoje em dia são vizinhos, embora um viva sempre prestando atenção no outro com toda a desconfiança de antas e onças que são" (Jecupé, 2007: 13). Edificaram duas moradias, uma para cada um, tornaram-se vizinhos, o que seria difícil para a condição da dupla adversária.

Ana Maria Machado conta sua história com arte e humor, enriquecendo-a com mais estratagemas espertos da parte do veado, considerado mais fraco que a onça. O motivo é o mesmo: o veado e a onça resolvem construir, cada um, sua casa no mesmo lugar, ignorando tratar-se da mesma habitação. Cada vez que vão à casa, que tem sempre um detalhe a mais, imaginam que Tupã os está ajudando.

Quando finalmente descobrem se tratar da casa em comum, ficam espantados, mas não querem abrir mão dela, uma vez que deu tanto trabalho construí-la. E, mesmo sem o desejar, resolvem dividi-la irmanamente, embora sabendo serem animais visceralmente inimigos, um com hábitos diurnos e o outro, noturnos. Com o tempo, percebem que não podem habitar o mesmo espaço: a onça resolve que devorará o veado assim que houver uma boa oportunidade.

O que a onça não esperava é que o veado pudesse revelar-se tão corajoso e matreiro. Apavorado e prevendo que seria abatido pela onça, ele não se faz de rogado e elabora um plano perfeito para fugir do destino cruel de virar comida de onça. O veado conta para os amigos sua preocupação e eles o ajudam a pôr em prática o seguinte traçado: um deles havia visto na aldeia uma pele de onça para secar ao sol. Resolvem pedi-la emprestada. Então, o veado pensa em contar à onça a novidade, isto é, do "tapete novo para a casa" (Machado, 2004: 23).

Tiveram muita sorte, e pode-se dizer que aí, sim, Tupã os ajudou, pois, ao voltar para a moradia do veado com a pele de onça, os amigos encontram outra onça, que havia caído da ribanceira e estava morta, e a levam com a outra pele. Como esse cadáver de onça era muito pesado, era necessário, a todo momento, segurá-lo com os chifres e, assim, o animal fica todo furado.

Ao chegar em casa, o veado vê a onça acompanhada de uma outra amiga e fica assustadíssimo. Ela pergunta se ele se importaria de ter mais alguém para o "jantar". O veado disfarça firmemente o pavor, dizendo que não, pois estava realmente com vontade de fazer uma festa e, na mesma hora, estende o tapete de pele de onça no chão. Ao verem o tapete de onça todo perfurado, as onças ficam apavoradas, dão uma desculpa, dizendo que iriam morar juntas, e desapareceram.

O veado e a onça: o sentido do ser ecológico e da casa

Percebemos que a versão de Machado foi fiel à narração indígena dada pelo Tupi, levando-se em conta que Romero apenas a copiou, embora ela a tenha enriquecido com mais detalhes engraçados, mais de acordo com o gosto do público ao qual é endereçada: o infantil. Ela não adulterou o motivo central da trama, apenas a incrementou, deixando-a mais leve e divertida para as crianças, além de embelezá-la com as ilustrações de Suppa, artista plástica reconhecida que proporcionou à narrativa muito colorido, aproveitando o amarelo da onça-pintada brasileira, um animal belíssimo e, por si só, já pitoresco.

A lenda *O veado e a onça* pertence a um ciclo de histórias de animais muito presente na literatura indígena brasileira contadas de pais a filhos por gerações contínuas desde antes da chegada dos portugueses ao Brasil. Os contos populares ou lendas do Brasil fizeram parte dos estudos de Sílvio Romero (1954), que os dividiu em contos de origem europeia, indígena, africana e mestiça. Esta concerne ao ciclo da onça, com "A onça e o bode", "A onça, o veado e o macaco", "A raposa e a onça" e "A onça e o coelho", reportadas por Romero, mostrando que existem também os ciclos de outros animais da floresta.

Nossos indígenas – em suas porandubas, reuniões para contar histórias à beira da fogueira – e seus descendentes possuem um bestiário, composto de inúmeras lendas protagonizadas por animais da fauna brasileira. São fábulas especiais, pois não seguem a mesma lógica de fabulistas como Esopo, Fedro e La Fontaine e seus seguidores como Monteiro Lobato; não possuem finalidade moralista, servindo apenas para passatempo, conforme nos reporta Barbosa Rodrigues (1890), sem uma moral implícita ou explícita ao final. Seu ensinamento é mais ameno por mostrar o sentido prático, a lógica e a sabedoria dos mais fracos e pequenos contra os mais fortes, corpulentos e poderosos e suas espertezas, sempre com tom humorístico.

Câmara Cascudo afirma que os indígenas possuem um conjunto de histórias, mitos e lendas que completam o sentido de sua vida, consumindo alegremente horas e horas, dias e dias, noites e noites seguidos de contação de narrativas sobre "guerra, caça, pesca, origem de várias cousas, o amanhecer de sua tribo no mundo" (Cascudo, 1984: 87). Dessa profusão de lendas de animais, criaram-se ciclos, como o do jabuti, da onça, como esta do veado e da onça, que Machado reconta com *engenho e arte*, narrativa que nos evoca a casa (eco), símbolo de proteção e acolhimento.

3 O conceito de ecologia (*oikos* + *lógos*)

Para tratarmos de temas como a saúde e o equilíbrio do planeta, primeiro devemos nos dirigir aos indígenas, verdadeiros donos do território, por serem pessoas sábias que têm a Terra-mãe como sagrada, um santuário, depositando nela suas esperanças de fornecer-lhes sempre morada, alimento (ao mesmo tempo para o corpo e para o espírito), utensílios importantes para a sobrevivência e recreação, com suas belas paisagens: praias, rios, cachoeiras, céus estrelados...

No século XXI, uma das maiores lutas em nível mundial é pela saúde do meio ambiente, pela nossa casa (eco) comum, luta ecológica. A palavra "ecologia" vem do grego, junção das palavras *oikos* ("casa") e *lógos* ("ciência"), termo criado e utilizado pela primeira vez na obra do biólogo naturalista alemão Ernst Haeckel (1866): *Generelle Morphologie der Organismen* ou *Morgologia geral dos organismos*, em português. Para o autor, *oecologie*, ao significar o estudo da casa, literalmente, mostra a estreita ligação entre todos os seres do planeta como fazendo parte de uma única teia.

Leonardo Boff, teólogo e filósofo, chama-nos a atenção ao fato aprendido com os indígenas de que todos nós constituímos essa teia, "uma cadeia única e sagrada da vida" (2001: 156). O que sabemos pelos livros, eles o intuem há séculos com a observância atenta à natureza e a seus seres, dos maiores aos mínimos. A partir dos organismos mais simples, como as bactérias, aos mais complexos, "somos formados basicamente pelo mesmo código genético e pelos mesmos elementos físico-químicos" (Boff, 2001: 156), constituindo-nos como irmãos que realmente somos, filhos do planeta. Então, por que não nos comportarmos como tais?

O conceito de ecologia – nova ciência surgida e que visa à casa em comum, o planeta Terra – designaria, segundo o sábio alemão Haeckel, "o estudo das relações dos animais e plantas com o ambiente, como um novo campo de pesquisa" (Nucci, 2007: 82). Esse ramo da ciência pesquisa sobre o ecossistema e, segundo o autor, surge no século XVI, a partir de novos conhecimentos científicos e descobertas acerca da ecologia, abrindo caminho para outras percepções, que veem animais, vegetais e minerais do globo terrestre como interligados e interdependentes. Se um desses elementos desaparece, desestrutura-se toda a cadeia.

Em viagem pelo continente americano no século XVIII, Humboldt, citado por Nucci (2007: 81), afirma: "Já tinha uma firme convicção de que era possível descobrir os vínculos existentes entre os seres vivos e a natureza inanimada, estudar suas relações mútuas e explicar como se distribuem no espaço". Essas informações nos remetem aos estudos hodiernos, tal qual o pensamento indígena, conforme nos mostra Daniel Munduruku (2003: 7), escritor de literatura infantil indígena, ele mesmo um indígena da etnia Munduruku, que demonstra acreditar sermos "apenas um fio na grande teia da vida". Essa teia à qual se refere Munduruku é a mesma que liga todos os seres do planeta Terra de que fala Haeckel.

Esse pensamento vai ao encontro do que vemos na Encíclica *Laudato si'*, sobre o cuidado da casa comum (2015: 139), do Papa Francisco, a qual declara que não se pode "considerar a natureza como algo separado de nós ou como uma mera moldura da nossa vida", ou seja, coincide com a filosofia indígena. Estamos envolvidos no mesmo paradigma de destruição da natureza em que somos todos afetados. A *Carta Circular* é um apelo a todas as pessoas para que sejam mais cuidadosas com o meio em que vivemos a fim de que tenhamos mais consciência ao consumir e também mais compaixão de nossos irmãos que têm dificuldades econômicas.

O cuidado consigo e com o outro (esse outro abrangente) constitui uma das maiores sabedorias do ser racional, destacada nos mitos mais antigos de que se tem conhecimento, como também nos de estudos contemporâneos (Boff, 2017b). Cuidamos de nossa casa para que ela esteja sempre limpa, arrumada e agradável, além de nos atermos aos habitantes dela, para que convivam bem, porque afinal se trata de um lar. E, assim como cuidamos desse lar, devemos cuidar de tudo que nos rodeia: animais de todo tipo, vegetais, minerais... Enfim, devemos cuidar tanto de nós mesmos como do planeta e de todo o cosmo.

Quando falamos em ecologia, obrigatoriamente também nos referimos à sustentabilidade, e Boff, um dos redatores da *Carta da Terra*, nos apresenta nela uma visão holística de todos os elementos que compõem o planeta e seu ecossistema. Ele nos diz que a sustentabilidade é uma questão de vida ou morte (Boff, 2017a), pois jamais se viu na história ameaça maior ao futuro comum da humanidade do que atualmente:

> Sempre houve entre os povos a percepção de que a vida é una e sagrada. Há uma única corrente de vida, mas com muitos elos diferentes. [...] Por causa da unidade da corrente somos todos irmãos e irmãs uns dos outros. Por causa da

diversidade dos elos, somos todos diversos uns dos outros. (2001: 25)

Na Conferência Mundial dos Povos Indígenas sobre Território, Meio Ambiente e Desenvolvimento e no item 32 da *Carta da Terra dos Povos Indígenas*, confirma-se que, em territórios indígenas, ao longo dos séculos, seus ocupantes sempre mantiveram uma relação determinante de respeito para com todos os habitantes naturais da Terra. Já no item 67, os indígenas reconhecem a relação de equilíbrio entre os seres e exigem que os valores de sua cultura (tão enormemente diversa, pois há inúmeras etnias indígenas no Brasil) e seus modelos de desenvolvimento realmente sustentável sejam devidamente respeitados, uma vez que se configuram como fonte de sabedoria milenar.

As nações indígenas habitam a Terra como nômades desde o início dos tempos, como filhos diretos e legítimos do Grande Criador, segundo sua crença. E no solo brasileiro sempre viveram e sobreviveram, apesar das dificuldades, cuidando bem deste chão que chamam de Mãe Natureza. No item 84 da *Carta da Terra dos Povos Indígenas* , que trata de Cultura, Ciência e Propriedade Intelectual, eles dizem temer que esta Mãe não aguente os frequentes golpes que a estão deixando enferma, temendo que, com tais agressões, a vida humana se torne inviável, devendo, nós, buscar sua cura bem como a nossa autocura, pois nós, os não indígenas, também nos encontramos doentes.

Aquino e Zambam (2017) reportam às palavras de Boff, que também esclarece o sentido exato da expressão "casa comum", levando-se em conta o cuidado com ela e sua importância para o Outro, sendo este Outro tanto os humanos como os não humanos. Esses dois autores corroboram o esforço de "consolidar projetos para uma vida comum na qual partilhe todas as adversidades a fim de superar esses momentos e incentivar – mais e mais – condições de dignidade a todos" (2017: 105).

Temos um *destino comum* e um único planeta, do qual faz parte toda a humanidade. Um planeta azul que, quando visto de fora, revela que forma um todo, uma só entidade (Boff, 2017a). Então, teremos de cuidar o melhor possível dessa casa, desse organismo vivo que nos mantém pulsantes. E tanto o veado quanto a onça (que constituem metáforas de todos nós) fazem parte desse sistema da Grande Casa, dentro da qual devemos nos esquecer das inimizades, deixando aflorar a solidariedade e a consciência, trabalhando para a reconstrução do que sobrou dessa habitação divina, pois ela nos abriga há milênios e se encontra agora degradada e necessitada de respeito e consideração.

Lutemos, portanto, em prol de um bem maior, contra o espírito de destruição que se abateu sobre o planeta (e sobre todos nós) e que está em curso contínuo nos últimos séculos. Hoje se deteriora não só a saúde da Terra, mas também as relações humanas. É urgente atuarmos conjuntamente contra um processo que, segundo as últimas pesquisas, até meados do século XXI, fará desaparecer definitivamente mais da metade das espécies animais e vegetais atualmente existentes (Boff, 2017b). Com tais espécies, sucumbirá todo um saber concentrado e que se tem constituído há milhares de anos, com tanto suor, usufruído durante todo esse tempo por cientistas, filósofos e demais estudiosos de várias civilizações, segundo Boff (2017b).

4 A harmonia entre os seres na eco

As lendas indígenas sobre animais têm algo diferente das demais, pois seus personagens tratam uns aos outros como parentes: cunhado, genro, tio, tia: "Tio vento, você que corre pelas campinas...",

O veado e a onça: o sentido do ser ecológico e da casa   191

"Tia Árvore, você que com sua copa chega quase ao céu...", "o Sol e a Luz disseram às moscas: – Irmãs, vão dizer aos pássaros...", "Encostou-se no tronco da castanheira e falou: – Vovó, eu quero ficar igual a você!" (Boff, 2001: 41, 43, 83). Esse tipo de tratamento reúne todos em uma mesma família comum, na qual não se sente que um é maior ou melhor do que o outro. Esse deve ser o paradigma de agora em diante.

Barbosa Rodrigues (1899: 205) nos revela o que hoje ainda os ribeirinhos e demais habitantes amazônicos sabem: "a theogonia indígena, espécie de totemismo, até hoje considera cada espécie vegetal ou animal filha de um espírito protetor, sendo uns mais poderosos do que outros, porém sujeitos a uma mãe comum Cy". Essa divindade suprema chamada "Cy" seria "o grande espírito criador, que é simbolisado por *mboia açu*, a cobra grande..." (Rodrigues, 1899: 205). Da Cobra Grande também nos fala Couto de Magalhães no mito indígena "Como a noite apareceu":

> No princípio não havia noite – dia somente havia em todo tempo. A noite estava adormecida no fundo das águas. Não havia animais; todas as coisas falavam.
> A filha da Cobra Grande – contam – casara-se com um moço [...]. (1940: 231)

Um mundo paralelo, mas igualmente belo, onde se casam homens/mulheres com animais. Fazem parte dessa mesma crença os vegetais e animais e até minerais, rios e lagos, todos possuidores de espírito – a quem se deve respeito – tal como nós, seres humanos, conforme convicção religiosa de muitos. Tais seres espirituais habitam o reino das águas (em suas profundezas, a exemplo do Boto e da Iara), bem como o centro da terra (Rodrigues, 1899: 205).

Acerca das fábulas, ou histórias de animais, Barbosa Rodrigues (1890: 143), em *Poranduba Amazonense*, nos conta que:

A princípio simples narrativas, depois contos e mais tarde mitos ou fábulas, em que a poesia transfere para seres irracionais a inteligência humana para melhor calar no espírito a moralidade. O índio, entretanto, nos seus contos não faz mais do que retratar os seus personagens, para melhor se conhecerem seus hábitos, ou apresentar fatos históricos transformados em mitos pelo correr dos séculos.

Da lenda *O veado e a onça*, Magalhães (1940: 250) recolheu a seguinte máxima: "Quem mora com o seu inimigo não pode viver tranquilo". Mas quem é nosso real inimigo em comum? Da simplicidade de contos como esse, provém "um espírito culto e perscrutador [que] pode extrair a história e a moralidade" (Rodrigues, 1890: 144). Porém, sempre ocorrerá neles um quê do indígena, seu saber acumulado há muitos anos, ouvindo os sons da natureza, tratando-a com veneração e respeito que se deve ter às mães. Seu costume é de jamais abater qualquer animal, de todos os reinos, simplesmente por veleidade e, mesmo que se precise fazer grandes caçadas, pescarias e derrubar árvores, eles têm o hábito de realizar rituais com pedidos de desculpa à Mãe Natureza "para não violar a aliança de amizade entre todos os seres" (Boff, 2001: 156). Eis um dos preceitos e costumes que precisamos aprender com nossos irmãos indígenas.

Ana Maria Machado, Sílvio Romero, Kaká Jecupé, juntamente com Magalhães, ao recontar tais histórias, nos ajudam a apreciar um país ainda desconhecido até do brasileiro, um lugar que é, ao mesmo tempo, de descendentes de europeus, mas também de indígenas e de afro-brasileiros, além de outras culturas. O Brasil é nossa casa comum e devemos aprender a habitar o mesmo espaço sem depredá-lo, sem discriminarmos uns aos outros, conhecendo nossas belezas, pois todos nós temos belezas em nossas culturas, por sermos um país multicultural.

Boff (2001: 155) nos informa que nosso planeta Terra e a raça humana chegaram a um estágio diferente de evolução, a chamada fase *planetária*, pois "crescem os laços de interdependência de todos com todos e, consequentemente, a consciência planetária de que a Terra e os seres humanos têm um destino comum". O filósofo ainda lembra que cada cultura, cada etnia, por milhares de anos, contribui e contribuiu com seu quinhão cultural; todas são importantes e nenhuma deve ser negligenciada.

Nas três versões da lenda indígena, vemos a presença de Tupã, deus indígena pertencente à sua teogonia, que é explicitada por Magalhães (1940): todos os seres criados possuem mãe, e o instigante é que, ao se dirigir a um deus, os indígenas não usam a palavra "pai", mas "mãe". Magalhães nos explica que há três divindades superiores: "o Sol, que é o criador de todos os viventes; a Lua, que é a criadora de todos os vegetais; e Perudá ou Rudá, o deus do amor, encarregado de promover a reprodução dos seres criados" (1900: 158). Todos eles protetores.

Para a filosofia de vida indígena, a ideia de divindade difere da de outras crenças – que a veem como um ser superior, separado de nós, mortais –, pois se confunde com a própria natureza, tão envolvidas estão uma noutra. Chamamos de animismo (de *anima* ou *animus*, do latim *alma*) a antiquíssima religião indígena, isto é, a crença em que todos os seres possuem alma ou espírito. O trecho seguinte é de uma obra de Munduruku, *Meu vô Apolinário*, na qual o autor expressa sua relação amorosa com familiares, com Deus e sua ideologia religiosa, aquela que iguala e irmana todos os seres:

> — Nosso mundo está vivo. A terra está viva. Os rios, o fogo, o vento, as árvores, os pássaros, os animais e as pedras estão todos vivos. São todos nossos parentes. Quem destrói a terra destrói a si mesmo. Quem não reverencia os seres da natureza não merece viver. (2001: 33)

Em um de seus contos, Kaká Jecupé (2007) traz a protagonista Iauaretê, uma onça que caiu na armadilha-buraco de um onceiro (caçador de onças). Por encontrar-se faminta (talvez por já haver pouca caça na floresta), a onça, apressada, não observou a arapuca e foi capturada sem compaixão. Desesperada, Iauaretê reza a Tupã para que a ajude, pois certamente será morta pelo onceiro, desejoso de seu couro raro para o vender. Essa narrativa é infantil, mas mostra todo o drama da dura vida de um pobre felino, que cai nas garras do inimigo a quem não é possível vencer: o homem.

Em seu tormento, gritando por Tupã, a onça nem percebe que Ele, em voz suave, já a ouvira e estava respondendo em um sussurro. Esse excerto é curioso por mostrar as fraquezas e cegueiras na hora da aflição. Tupã fala com a onça e, depois de conseguir se acalmar um pouco, Iauaretê escuta. Tupã lhe pede calma e fé, pois, com sabedoria, ela mesma sairá daquela situação dolorosa; ela própria será capaz de encontrar a força dentro de si. E é isso o que acontece nessa história.

Após se recuperar, Iauaretê, extenuada pelo nervosismo, acaba adormecendo e tendo vários sonhos (que são as narrativas que compõem o livro) e, mais equilibrada e refeita, consegue raciocinar e dar um salto para sair do buraco em que se encontrava. O mesmo poderá acontecer com os habitantes do planeta Terra se fizermos uma pausa para pensar em nossas ações. Resta uma esperança aos seres ainda vivos do planeta. Um salto para um futuro – como o da onça –, mais consciente e cuidadoso de nossa natureza, que, afinal, é a própria natureza humana em suas inúmeras diversidades e riquezas espalhadas pelo globo.

5 Considerações finais

O veado e a onça, ao viverem às turras, acabam por ter um desfecho de desencontro e separação em vez da harmonia sonhada por Tupã. Um desconfiando e com medo do outro, são o branco e o não branco de hoje (e de ontem), a mulher e o homem, a criança e o adulto, o velho e o novo, o bicho e o homem (ou mulher), o pobre e o rico, o heterossexual e o homossexual. Com sua falta de empatia e inimizades, são inimigos eternos a procurar um modo de se destruir um ao outro e à Casa Comum em vez de coabitarem na Terra Mãe, que é a genitora e provedora de todas as suas necessidades.

Ambos têm, no peito, a vida que pulsa, e representam cada um de nós (em suas/nossas mazelas), pois somos parte da essência global e por isso não a devemos destruir. O veado e a onça seguem errantes em busca de outras paragens, mas o que deveriam fazer é ir ao encalço de um novo começo, conforme recomenda-nos a *Carta da Terra dos Povos Indígenas*. Buscar o diálogo, o entendimento, difícil porém possível.

No início da narrativa de Machado, eles buscavam uma utopia, um lugar perfeito que todos buscamos, de muita luz solar e ao abrigo dos ventos cortantes. Ao encontrá-la – porque a Terra, no fundo, é um verdadeiro Éden, se olharmos com atenção as belezas explícitas: mares de um verde-esmeralda com areia limpa; rios de águas potáveis, doces e abundantes, cachoeiras cantantes que brilham ao sol, florestas de um verde aconchegante e necessário –, resolveram construir sua casa, seu abrigo contra as intempéries da vida. Mas é preciso acreditar na utopia, nesse paraíso, a fim de que reconstruamos a união perdida em nossa grande Casa Comum.

Para isso, há necessidade de mudança, como aconselha Boff, na mente e no coração, mudança responsável e de todos. Os indígenas estão aí e nos dão grandes lições de um harmonioso convívio com tudo de que precisamos (sem excesso) que há na Mãe Terra, em sua mágica do bem viver, com os presentes ofertados por essa generosa genitora, em proximidade essencial com a natureza, relação ao mesmo tempo espiritual e físico-cultural.

No mundo triste que habitamos, o pensamento boffiano destaca a falta do toque humano, do tão importante contato entre seres (nem tanto) racionais e os ditos irracionais. O veado e a onça da obra de Machado são animais representantes de homens e mulheres que não buscam o diálogo e o entendimento por causa de suas naturezas tão díspares e adversárias. Trata-se de uma lógica das fábulas infantis, inicialmente contadas ao público adulto e depois vertidas para leitores crianças, que foram escritas há milênios, de uma literatura primordial. Eram contadas apenas oralmente, por autores incertos ou quase anônimos, dada a antiguidade.

Elas contêm todos os ingredientes necessários a uma boa reflexão acerca de nossos atos não tão edificantes, mas mostram a sabedoria de que necessitamos se quisermos que a espécie humana continue a existir. Belos registros de um comportamento que não muda, assim como a essência humana é imutável em características como a necessidade de ter um teto (que não nos caia na cabeça), um abrigo para nossa eterna fome de afeto e calor a nossos corpos que lutam para a sobrevivência não só dos mais fracos, mas de todos, grandes e pequenos, que fazem parte deste espaço grandioso chamado Terra.

Referências bibliográficas

AQUINO, Sérgio Ricardo Fernandes de; ZAMBAM, Neuro José. "A 'Casa Comum': por uma epistemologia do cuidado e justiça para a América Latina". *Veredas do Direito*, Belo Horizonte, n. 14, 2017.

BOFF, Leonardo. *O casamento entre o céu e a terra*. Ilustrações de Pata Macedo e Adriana Miranda. Rio de Janeiro: Salamandra, 2001.

BOFF, Leonardo. *Sustentabilidade: o que é, o que não é*. Petrópolis: Vozes, 2017a.

BOFF, Leonardo. *Saber cuidar: ética do humano – compaixão pela terra*. Petrópolis: Vozes, 2017b.

CASCUDO, Luís da Câmara. *Literatura oral no Brasil*. Belo Horizonte: Itatiaia, 1984.

COELHO, Nelly Novaes. *Panorama da literatura infantil/juvenil: das origens indo-europeias ao Brasil contemporâneo*. Barueri: Manole, 2010.

CONFERÊNCIA Mundial dos Povos Indígenas sobre Território, Meio Ambiente e Desenvolvimento – Rio-92. *Carta da Terra dos Indígenas*. Comitê Intertribal – Memória e Ciência Indígena, 1992.

FRANCISCO, Papa. *Carta Encíclica Laudato si': sobre o cuidado da casa comum*. São Paulo: Paulinas, 2015.

JECUPÉ, Kaká. *Werá. As fabulosas fábulas de Iauaretê*. São Paulo: Peirópolis, 2007.

HAECKEL, Ernst. *Generelle Morphologie der Organismen*. Berlin: Druck und Verlag von Georg Reimer, 1866.

MACHADO, Ana Maria. *O veado e a onça*. São Paulo: FTD, 2004.

MAGALHÃES, José Vieira Couto de. *O selvagem*. Rio de Janeiro, 1940.

MUNDURUKU, Daniel. *Meu vô Apolinário: um mergulho no rio da (minha) memória*. São Paulo: Pierópolis, 2001.

MUNDURUKU, Daniel. *Coisas de índio: versão infantil*. Ilustrações de Rogério Borges. São Paulo: Calis, 2003.

NUCCI, João Carlos. "Origem e desenvolvimento da Ecologia e da Ecologia da Paisagem". *Revista Geografar*, Curitiba, 2, n. 1, 2007.

PORTELLA, Oswaldo. *Vocabulário etimológico básico do acadêmico de Letras*. Revista Letras, 33, 1984.

RODRIGUES, Barbosa. *Poranduba amazonense*. Rio de Janeiro: Typ. de G. Leuzinger & Filhos, 1890.

RODRIGUES, Barbosa. *Muyrakytã e os ídolos symbolicos: estudo da origem asiática da civilização do Amazonas nos tempos prehistoricos*. Rio de Janeiro: Imprensa Nacional, 1899.

ROMERO, Sílvio. *Contos populares do Brasil*. Rio de Janeiro: José Olympio, 1954.

SALES, Maria da Luz Lima. *A literatura infantil indígena como meio de promoção da educação multicultural: a intervenção didática em uma escola de Belém (Brasil)*. Tese (Doutorado em Ciências da Educação) – Universidade de Évora, Portugal. Belém, 2019.

A luta contra o preconceito em Graciliano Ramos e Ana Maria Machado

Michela Graziosi
Universidade de Roma La Sapienza

omo se sabe, nas primeiras décadas do século XX, no Brasil, a literatura infantojuvenil inspira-se em obras similares europeias, caracterizando-se por uma tendência moralizadora e didática. Os livros destinados ao público de pequenos leitores começam a intensificar-se sobretudo com o sucesso de Monteiro Lobato, que, em 1921, edita *Narizinho arrebitado*, reclamando a necessidade de escrever histórias para crianças numa linguagem que possa despertar o interesse delas.

Todavia, nos anos seguintes, a literatura infantojuvenil continuou a manter uma inclinação educativa, revelando também uma vocação patriótica, numa constante celebração do Brasil através da exploração do patrimônio das histórias e lendas nacionais. Nesse panorama ainda conservador, assinala-se o incremento dos escritores que, mesmo não estando diretamente associados à literatura infantojuvenil, produzem textos para crianças e jovens. Entre eles, destacam-se algumas figuras revolucionárias, como o já mencionado Monteiro Lobato e Graciliano Ramos, na medida em que se revelam extraordinariamente criativos. Utilizando a imaginação como uma ferramenta de investigação seja da sociedade, seja de sentimentos e atitudes íntimos, esses escritores antecipam notavelmente o direcionamento temático e linguístico que se constituirá como a referência da atual literatura infantojuvenil brasileira. Portanto, através da análise dos motivos, das técnicas narrativas e da linguagem que caracterizam o conto "A terra dos meninos pelados", de Graciliano Ramos, e o livro *Raul da ferrugem azul*, de Ana Maria Machado, no presente artigo serão avaliados os pontos de contato entre os textos e as modalidades de acordo com as quais os autores privilegiam uma abordagem direta de um tema hoje em dia central na literatura mundial, o do preconceito, trazendo, cada um nas respectivas épocas, uma perspectiva inovadora para a literatura brasileira e o público mais jovem.

Conhecido por ser dono de uma linguagem enxuta e despojada, o nome de Graciliano Ramos está ligado a uma produção literária focada numa cuidadosa pesquisa psicológica que, a partir da análise do homem representado num meio social e natural hostil, chega a uma dimensão universal. Nessa perspectiva, torna-se notável a sua produção de livros infantojuvenis, marcada pela mesma concisão da expressão que se encontra na literatura para adultos, através da qual são relatadas as mesmas questões relacionadas com a condição humana, tratadas de acordo com uma visão ao mesmo tempo íntima e social. Graciliano escreve "A terra dos meninos pelados" depois de sua saída da prisão, em 1937. O livro recebe o Prêmio de Literatura Infantil do Ministério da Educação e, em 1944, o autor publica *Histórias de Alexandre*, seguido por *Alexandre e outros heróis*, em 1962, coletânea de contos que reúne o livro anterior e a inédita "História da República".

O protagonista de "A terra dos meninos pelados" é um menino de nome Raimundo, vítima da zombaria de seus colegas, por ser careca e ter os olhos de cores distintas. A solidão e o sofrimento dele são enormes: não tem amigos com quem falar, portanto conversa sozinho e desenha na calçada o país de Tatipirun, um refúgio da sua imaginação, feito de "coisas estranhas [...], coisas que ele tinha adivinhado, mas nunca tinha visto" (Ramos, 1998: 105). Desde as primeiras linhas do conto, Raimundo é apresentado como "um menino diferente" (1998: 104):

> Os vizinhos mangavam dele e gritavam: – Ó pelado! Tanto gritaram que ele se acostumou, achou o apelido certo, deu para se assinar a carvão, nas paredes: Dr. Raimundo Pelado. Era de bom gênio e não se zangava; mas os garotos dos

arredores fugiam ao vê-lo, escondiam-se por detrás das árvores da rua, mudavam a voz e perguntavam que fim tinham levado os cabelos dele. Raimundo entristecia e fechava o olho direito. Quando o aperreavam demais, aborrecia-se, fechava o olho esquerdo. E a cara ficava toda escura. (1998: 104)

Um dia, o pequeno, sem se aperceber, caminhando perto da sua casa consegue chegar à terra de Tatipirun, onde o tempo não passa e todos os meninos que ali habitam partilham as suas mesmas caraterísticas físicas, vivendo em harmonia. No início do conto, portanto, o autor conduz o protagonista e os leitores a uma dimensão partilhada de sonho feliz e utópico, em que o mundo humano, o natural e o animal coexistem em sintonia, acabando, no final, por deixar apenas uma lembrança vaga da experiência, caracterizada por um subtil processo de reflexão, consciencialização e crescimento interior por parte do protagonista que, antes de ir embora, afirma: "Vou ensinar o caminho de Tatipirun aos meninos da minha terra, mas talvez eu mesmo me perca e não acerte mais o caminho" (1998: 131). "A terra dos meninos pelados" não é, de fato, uma das tradicionais histórias exemplares do período que fornecem valores ou indicações comportamentais aos seus leitores e apontam o caminho certo a seguir. Graças ao poder libertador da sua imaginação, Raimundo consegue fugir do seu cotidiano de intolerância e discriminação e chegar a uma dimensão fantástica criada por ele, acabando, entretanto, por querer deixá-la em breve. Mais de uma vez, ao longo da narração, ele constata como Tatipirun é bom e tem saudades mesmo antes de partir, sublinhando, porém, a necessidade de voltar a sua casa para estudar a lição de Geografia:

Este lugar é ótimo, suspirou Raimundo. Mas acho que preciso voltar. Preciso estudar a minha lição de Geografia. (1998: 112)
[...]
Preciso voltar e estudar a minha lição de Geografia, suspirou Raimundo. (1998: 128)

[...]
— Não posso – gemeu Raimundo. – Eu queria ficar com vocês, mas preciso estudar a minha lição de Geografia. (1998: 130)
[...]
— Não acho não, seu Tronco. Sei perfeitamente que não acho. Mas tenho obrigações, entende? Preciso estudar a minha lição de Geografia. Adeus. (1998: 131)

O projeto autoritário do menino sardento, um habitante desse mundo imaginário – que faz pensar na tensão do momento histórico em que o livro foi escrito e publicado, no começo do Estado Novo – e as reações dos habitantes de Tatipirun perante o discurso da princesa Caralâmpia talvez sejam significativos para tentar investigar as razões que aos poucos levam Raimundo a partir. Ao ouvir o menino sardento que, não gostando das suas sardas, quer obrigar todos os outros a ter manchas no rosto, Raimundo entristece-se, lembrando-se dos garotos que o ridicularizam, chegando enfim à conclusão de que viver num mundo onde todos são iguais seria monótono. Quando o nosso protagonista pergunta ao menino sardento se a razão que o leva a planejar o projeto está ligada ao fato de ele ser vítima de zombarias por parte dos outros habitantes de Tatipirun, o seu interlocutor responde que eles "não bolem. São muito boas pessoas. Mas se tivessem manchas no rosto, seriam melhores" (1998: 121). Enfim, perante a intromissão da cigarra e da aranha, que consideram um absurdo o plano dele, o menino sardento expressa-se através de uma fala violenta na qual ressoam fórmulas e tons de imposição e limitação, características de qualquer ditadura. Leiamos uma parte significativa do diálogo referido:

— À toa nada!, bradou o sardento. Cigarra e aranha não têm voto. Cada macaco no seu galho. Isto é assunto que interessa exclusivamente aos meninos! [...]
Raimundo esfregou as mãos, constrangido, olhou os discos e as teias coloridas que se agitavam.

— Parece que elas têm direito de opinar. São importantes, são umas sabichonas.

— Direito de dizer besteiras!, resmungou o sardento.

— Não senhor. A cigarra tem razão. Palavreado à toa.

— Então, você acha o meu projeto ruim?

— Para falar com franqueza, eu acho. Não presta não. Como é que você vai pintar esses meninos todos?

— Ficava mais certo.

— Ficava nada! Eles não deixam.

— Era bom que fosse tudo igual.

— Não senhor, que a gente não é rapadura. (1998: 121-122)

Logo a seguir, a princesa Caralâmpia conta uma história extravagante, descrevendo os habitantes duma outra terra onde ela se perdeu, tal como Raimundo, mas alguns dos meninos de Tatipirun, incrédulos e perturbados, acham falsas as palavras dela porque não conseguem acreditar na existência de seres de aspecto físico diferente, exceto a Sira. Vejamos uma parte relevante do episódio em questão:

— Andei numa terra diferente das outras, uma terra onde as árvores crescem com as folhas para baixo e as raízes para cima. As aranhas são do tamanho da gente e as pessoas do tamanho das aranhas.

[...]

Os guris que eu vi têm duas cabeças, cada uma com quatro olhos, dois na frente e dois atrás.

— Que feiura!, exclamou Pirenco.

— Não senhor, são muito bonitos. Têm uma boca no peito, cinco braços e uma perna só.

[...]

— Preciso voltar, murmurou Raimundo.

O anãozinho chegou-se a ele e soprou-lhe ao ouvido:

— Tudo aquilo é mentira. Esta Caralâmpia mente!...

Sira agastou-se:

— Mente nada! Por que é que não existem pessoas diferentes de nós? Se há criaturas com duas pernas e uma cabeça, pode haver outras com duas cabeças e uma perna. Este anão é burro. (1998: 129)

Então, perante um mundo idílico parado no tempo, onde não existem doenças e sofrimento e não há nenhuma forma de evolução física e íntima, onde a coexistência harmoniosa chega a ser ameaçada por quem quer forçar o nivelamento das suas pequenas diferenças, por quem não consegue aceitar e acredita possível apenas a existência da própria "normalidade", Raimundo responde a um sentimento de dever que, embora não lhe esteja bem claro, o chama de volta a uma realidade de estudo (a lição de Geografia), desafios e estímulos; numa palavra, de crescimento, cujo processo não é indicado pelo autor. Um crescimento, talvez, nem sempre exemplar, muitas vezes complexo, que leva, na calma da reflexão, à autodeterminação, à compreensão e à aceitação de si mesmo e dos outros. Desde pequenos, o acesso à escola, ao estudo e à cultura, combinado com a partilha de experiências, é fundamental para nos acostumarmos à diversidade: é preciso percebê-la e aceitá-la, a sua e a dos outros, embora às vezes isso passe por um processo doloroso. Nesse conto, Graciliano Ramos consegue tratar temáticas fundamentais não só da infância, de uma forma incrivelmente lúcida e atual, mas também das relações humanas em geral, como a discriminação, a equidade social e a liberdade, todas cruciais para a época. Mesmo num texto pensado para crianças, o autor não deixa de denunciar firmemente as injustiças sociais e apresentar um profundo questionamento de valores universais, denotando, assim, uma coerência ideológica notável.

No livro *Raul da ferrugem azul*, de Ana Maria Machado, escrito em 1979, na altura da ditadura no Brasil, o pequeno protagonista, tal como Raimundo, é apresentado repentinamente numa situação habitual de humilhação na escola, da qual se lembra perfeitamente na escuridão e no silêncio do seu quarto, como se estivesse a acontecer naquele momento:

> Aquele chato do Márcio veio do quarto-negro, passou junto da carteira dele e disse: Careta! Disse isso como sempre dizia. Meio baixo para o professor não ouvir, meio alto para os colegas ouvirem. Raul já sabia o que vinha depois. As risadinhas dos outros. Os olhares debochados. E a raiva dentro dele. (2003: 9-10)

Quando Raul é insultado pelos outros meninos ou se encontra envolvido em situações com outras vítimas de injustiças, não consegue reagir, embora sinta uma profunda raiva, que se manifesta no seu corpo através do aparecimento de ferrugens azuis que só ele pode ver. É significativa uma observação racista pronunciada por um companheiro dele, Zeca, ao descrever "um crioulinho mal-encarado, parado na esquina" (2003: 27), que determina uma elaboração profunda no pensamento de Raul, o qual, embora seja consciente do absurdo da afirmação, não é capaz de verbalizar a sua ira:

> Na cabeça dele dançavam uns pedaços da conversa: *Os neguinhos todos parados... preto no escuro... um crioulinho mal-encarado...* Por que ninguém falava em branco no claro? Será que um dia ele ia ficar tão azul que as pessoas iam ver e falar num *azulinho mal-encarado*? Será que o menino contava aos amigos o encontro com o Zeca e dizia que desceu do ônibus *um branquinho de cara invocada*? Mas essas coisas que Raul só pensava e não tinha a coragem de falar. Vontade, bem que tinha. E raiva. Se tinha coisa que deixava ele furioso, essa era uma delas. Isso de achar que a cor das pessoas faz alguém ser melhor ou pior do que os outros. Isso de racismo, de qualquer tipo. Mas com toda a raiva, não disse nada. Medo de que rissem dele. Hábito de não falar das coisas que iam dentro da cabeça. (2003: 27-28)

Não percebendo, todavia, a correlação entre as manchas e a sua raiva e estando muito preocupado, Raul visita o preto velho no morro, de acordo com o conselho da Tita, a sua empregada, esperando ajuda, em vão. O velho sábio, de fato, afirma que não pode fazer nada com as ferrugens do menino, sublinhando que cada um tem de acabar com a própria. Inicialmente, o pequeno protagonista entristece-se, não conseguindo perceber a resposta misteriosa, mas, após descobrir que também Estela, uma menina encontrada no caminho, partilha com ele as mesmas manchas na pele, sente-se um pouco aliviado. Finalmente, no ônibus, de volta para casa, quando uma lavadeira começa a descer devagar por causa do saco pesado que está carregando, e o motorista grita com ela dizendo que está com pressa, pela primeira vez o menino levanta a voz para recriminar o homem, entre as palmas de alguns passageiros e as recomendações dos outros, que sublinham a periculosidade de falar e a necessidade de não tratar mal os demais: "— Mas é perigoso discutir. Não se meta, não" (2003: 58). Por fim, saindo do ônibus, Raul cumprimenta educadamente o motorista, que lhe responde, estimulando o surgimento de uma profunda reflexão dentro dele:

> — Até qualquer dia, seu brigão.
> Brigão ele? Nunca o tinham chamado disso. Não brigava, não discutia. Só mesmo essa vez, porque não conseguiu ficar calado, não dava para engolir. [...] Enquanto esperava o elevador, se olhou no espelho. Para ver se estava com cara de quem matou aula. E teve uma surpresa: a ferrugem do pescoço tinha desaparecido. Abriu a boca, botou a língua de fora. Nem sinal de ferrugem na garganta. Olhou depressa para os braços e as pernas. Lá, ainda havia as manchas azuis. Mas bem mais fracas. E agora ele não se preocupava mais com elas. Sabia que iam sumir. Como é que elas iam sumir era coisa que ele não sabia. Mas iam. Como as da garganta desapareceram depois que ele reclamou no ônibus. Com uso. Afinal, ele não era bicho, sabia falar, tinha vontade, sabia

querer, sabia se defender. E defender os outros, quando fosse o caso. Nem precisava se preocupar. (2003: 58)

No final da sua experiência, o nosso protagonista consegue perceber que só denunciando as injustiças, defendendo a si mesmo e aos outros é que a ferrugem desaparece. Portanto, o tema do preconceito, embora seja aqui representado de forma fantasiosa, através das manchas que simbolizam o não dito e a indiferença que fazem adoecer o corpo e a alma, delineia-se de maneira explícita ao longo da narração. As personagens são perfeitamente realísticas (Raul, um menino bem-comportado da classe média, a jovem empregada Tita, Estela, a garota do morro), assim como os ambientes e as situações de intolerância descritas, absolutamente comuns no cotidiano da autora.

De fato, como ela explica, o estímulo que a leva a escrever o livro nasce de um conjunto de episódios que ocorreram na altura da ditadura: o primeiro experienciado em primeira mão pela escritora; o segundo, assistido pelo filho num ônibus. Como jornalista, Ana Maria Machado tinha sido convidada para um encontro entre colegas que podia ter sido uma ocasião de protestos contra a falta de liberdades básicas, como a de reunir-se. Todavia, nenhum dos participantes protestou, levando a autora a interrogar-se sobre o inesperado acontecimento: "Como pode todos serem considerados entre os maiores jornalistas do país se enferrujaram sua capacidade de reagir?" (2003: 63). Uma situação semelhante acontece ao filho que, depois de voltar para casa, relata um episódio em que, num ônibus, uma pessoa foi chamada de "neguinho" de forma pejorativa, sem que ninguém reclamasse. Leiamos o depoimento da autora:

> Comecei a reparar em situações revoltantes em que as pessoas preferiam se calar a reivindicar. Fui juntando as coisas e o livro começou a tomar forma. Quando ficou pronto, teve uma carreira engraçada. Foi rejeitado por oito editoras, que

elogiavam a história, mas ponderavam que era uma provocação à ditadura e podia ter consequências sérias para todos. A Salamandra estava começando, levei o texto para eles e foi o início de uma vida de entendimento. Publicaram; o livro ganhou o prêmio de "Melhor do Ano" da FNLIJ [Fundação Nacional do Livro Infantil e Juvenil] e saiu vendendo feito pão quente. Até hoje é meu maior sucesso de vendas. É um livro que desperta paixões. Em geral, o público adora. Mas parte da crítica torceu o nariz de uma forma que nunca encontrei nem antes nem depois. (2003: 63)

Os pontos de contato entre as visões dos escritores e os dois textos são numerosos. Mesmo partindo de uma temática extremamente contemporânea como a do *bullying*, tratada de uma maneira delicada e cuidadosa, através de uma narração em terceira pessoa que toma o ponto de vista dos pequenos protagonistas e aprofunda minuciosamente os impulsos e as mudanças dos sentimentos deles, os autores acabam por abordar questões que superam os limites do ambiente infantil, interligadas à liberdade, um tema caro aos dois, que é um valor fundamental da vida e um princípio da democracia. Portanto, ambos os textos são incrivelmente atuais e universais, discutindo motivos impactantes como o desafio, a convivência, a aceitação das diferenças sem sugerir interpretações e comportamentos, porque os escritores acreditam no poder revolucionário da cultura, da reflexão e da empatia, que são também as únicas armas com as quais as mudanças sociais são possíveis em qualquer lugar do mundo. De fato, não são poucas as ocasiões em que Ana Maria Machado sublinha que, ao escrever, ela não quer transmitir mensagens e fornecer lições de vida, mas tenciona propor questões e perplexidades, oferecendo simplesmente os instrumentos para as encarar. Leiamos o que ela afirma, a respeito deste assunto, numa entrevista:

Não acho que, no caso da literatura, tratar de qualquer tema esteja vinculado a uma intenção. Posso garantir que, no meu

> caso, não é assim que funciona. Minha intenção é expressar perplexidades, dúvidas, perguntas, buscas, encantamento com certos mistérios e com a própria linguagem. Preferencialmente, de modo ambíguo, que dê espaço para o leitor procurar seus próprios caminhos e formular suas hipóteses, sem lhe fornecer respostas prontas. Não quero dar lição a ninguém, mas propor exploração de enigmas. Dar espaço a diversos níveis de leitura, capaz de ser fecunda em sua polissemia e multivocidade. (Machado *et al.*, 2019: 19-20)

E são as dúvidas que, estimulando os nossos dois protagonistas num questionamento contínuo, acompanham o crescimento deles: "— Preciso estudar a minha lição de Geografia. [...] Dizem que é necessário. Parece que é necessário. Enfim... não sei" (Ramos, 1998: 130), afirma Raimundo, assim como Raul, escreve Ana Maria Machado, "sempre tinha conversado com gente grande. E agora também estava crescendo e descobrindo que isso nem sempre valia a pena, ou valia? Quem sabe? Raul nunca conseguia encontrar direito as respostas. Quanto mais pensava, mais achava era pergunta" (2003: 23).

Do ponto de vista linguístico, os dois textos caracterizam-se pelo emprego constante de diálogos breves e de uma linguagem oral, cotidiana e popular, elementos que no conjunto ajudam na leitura e respeitam a inteligência e a sensibilidade infantis. Mesmo na concisão da expressão, destaca-se, por exemplo, uma notável riqueza de vocabulário: no conto de Graciliano Ramos encontramos vários sinônimos, como *mangar* (1998: 104), *debicar* (1998: 111), *fazer troça de* (1998: 111) e *troçar de* (1998: 114); verbos onomatopeicos, como *roncar* (1998: 105), *fonfonar* (1998: 106), *cochichar* (1998: 112), *pipilar* (1998: 113), e um neologismo: *princesência* (1998: 124). No livro de Ana Maria Machado, tal como no conto do autor alagoano, é frequente o emprego de gírias (*pivete*, 2003: 27; *papo*, 2003: 45; *cara*, 2003: 12, 22, 29, 45), termos populares (*bagunça*, 2003: 54, *pirralho*, 2003: 57) e expressões e interjeições típicas da oralidade (*pô*, 2003: 11; *né*, 2003: 33, 36, 51; *sei lá*, 2003: 22, 42; *ô*, 2003: 45; *hem*, 2003: 51; *que diabo*, 2003: 58). No livro de Ana Maria Machado, é também relevante o uso dos diminutivos, que, além de serem comuns na linguagem infantil (tabela 1 a seguir, exemplos 1-4), desenvolvem significados novos em relação aos específicos contextos discursivos e situacionais onde são colocados, de acordo com a vontade expressiva da autora. ·De fato, eles denotam também um valor emotivo intenso relacionado com o protagonista (exemplo 5), fornecem indicações importantes que determinam, aos poucos, uma compreensão mais aprofundada dele e do texto (exemplo 6) ou exprimem juízos que o levam a um questionamento profundo (exemplos 7-8):

Tabela 1

1. Foi bem aí que ele olhou para o braço e viu umas *manchinhas* azuis [...] (Machado, 2003: 12)
2. Vocês são mesmo uns covardes, aproveitam que o Beto é *pequenininho* para roubar a pipa dele. (2003: 40)
3. "— Tá *zangadinha*, eh?" (2003: 40)
4. Mas a menina era *enfezadinha*. (2003: 41)
5. Raul já sabia o que vinha depois. As *risadinhas* dos outros. (2003: 10)
6. Todo mundo sabia que ele era um menino *bonzinho* e comportado. (2003: 11)
7. "— Outro dia eu estava indo para casa da minha avó e quando saltei do ônibus vi um *crioulinho* mal-encarado [...]" (2003: 27)
8. "Os *neguinhos* todos parados [...]" (2003: 28)

Nos dois textos, distinguem-se também vários provérbios populares, expressões idiomáticas e expressões populares empregadas para contar histórias de crianças que, no conjunto, conferem aos discursos a vitalidade da linguagem oral e a espontaneidade e a simplicidade da fala dos pequenos leitores (tabela 2):

Tabela 2

"A terra dos meninos pelados"	Raul da ferrugem azul
— *Estou frito*, suspirou o viajante esmorecendo. (1998: 105)	— Ele é bom, também. Como ele sabe muito matemática, ele ajuda a resolver os outros problemas também. [...] Se você quer, pega o caderno e vamos comigo até lá em casa, que ele *quebra o galho*. (2003: 22)
— Deixe de tolice, criatura! *Você se afogando em pouca água!* As crianças estavam brincando. É uma gente boa. (1998: 110)	Enquanto o ônibus corria, Raul ia pensando – e se descobrissem que ele *estava matando aula*? Nunca tinha feito isso na vida. (2003: 39)
— À toa nada!, bradou o sardento. Cigarra e aranha não têm voto. *Cada macaco no seu galho.* Isto é assunto que interessa exclusivamente aos meninos. (2003: 22)	Mas a menina era enfezadinha: — Quem escolhe as minhas brigas sou eu. Um grandalhão ainda disse: — Cala a boca! E ela: — *Cala a boca já morreu. Quem manda aqui sou eu.* (2003: 41)
— Isso é insuportável, bradou Pirenco. Não tolero conversa fiada, *panos mornos*. — Nem eu, concordou Talima. *Pão pão, queijo queijo.* (2003: 127)	— *Entrou pelo pé do pato, saiu pelo pé do pinto. Quem quiser que conte cinco.* (2003: 61-62)

Finalmente, a dimensão fantástica e os seus elementos simbólicos, através dos quais são discutidas questões que, partindo do ambiente meramente infantil, conseguem chegar a uma dimensão universal, juntamente com as frequentes descrições das emoções dos protagonistas, quer nas nuances mais íntimas, quer nas suas manifestações físicas (o desânimo, o acreditar-se inadequado, a raiva que paralisa), estimulam os leitores a procurarem os seus próprios caminhos e a formularem as suas hipóteses para que possam descobrir sozinhos que o esforço que leva à autodeterminação é uma necessidade natural e um dever inalienável, assim como a necessidade e o dever de libertar quem se encontra ao nosso redor, no cotidiano. Porque, na verdade, como escreve Italo Calvino, ao libertar os outros é que conseguimos também nos libertar, coisa que não seria possível fazermos sozinhos.

Referências bibliográficas

MACHADO, Ana Maria. *Raul da ferrugem azul* [1979]. São Paulo: Moderna, 2003.

MACHADO, Ana Maria. "Entre leitura, literatura infanto-juvenil e linguagens: uma conversa com Ana Maria Machado". *Palimpsesto – Revista do Programa de Pós-Graduação em Letras da UERJ*, [s.l.], v. 18, n. 29, 2019. Disponível em: https://www.e-publicacoes.uerj.br/index.php/palimpsesto/article/view/43788. Acesso em: 2 jul. 2024.

RAMOS, Graciliano. "A terra dos meninos pelados". *In: Alexandre e outros heróis* [1962]. São Paulo: Record, 1998.

SAMPAIO DÓRIA, Antônio de. *O preconceito em foco: análise de obras literárias infanto-juvenis. Reflexões sobre história e cultura.* São Paulo: Paulinas, 2012.

O diálogo dos lobos em Ana Maria Machado e Roald Dahl

Valquiria Pereira Alcantara

Universidade de São Paulo

A literatura para crianças e jovens, de maneira geral, articula um diálogo instigante entre os textos verbal e visual. Neste trabalho, optamos por concentrar a atenção em aspectos relevantes dos textos verbais de Ana Maria Machado e Roald Dahl sem, contudo, ignorar a contribuição do texto visual. Para o desenvolvimento da análise proposta, valemo-nos, fundamentalmente, das observações acerca da transtextualidade e seus desdobramentos segundo Gérard Genette.

Em termos organizacionais, apresentaremos sucintamente os conceitos genettianos que fundamentam o desenvolvimento da análise e indicaremos pontos de convergência e divergência em relação aos objetos de estudo. Nota-se que, embora ambos os autores estabeleçam diálogo diverso com textos considerados tradicionais da literatura infantil, a leitura de *Procura-se Lobo*, de Ana Maria Machado (ilustrações de Laurent Cardon) e *Chapeuzinho Vermelho e o lobo* e *Os três porquinhos* – contos inseridos na coletânea *Revolting Rhymes* de Roald Dahl (ilustrações de Quentin Blake) – proporciona aos pequenos leitores a fruição de textos instigantes e com efeito cômico marcante.

1 Transtextualidade segundo Gérard Genette

Em *Palimpsestos*, Gérard Genette discorre nos primeiros capítulos acerca da transtextualidade. De maneira abrangente, a transtextualidade pode ser compreendida como as mais diversas relações estabelecidas entre textos, sejam essas relações explicitadas ou não. "[...] estou inclinado a reconhecer cinco tipos de relações transtextuais. Devo listá-las aproximadamente em ordem crescente de abstração, implicação e globalidade" (Genette, 1997: 1)*: intertextualidade, paratexto, metatextualidade, arquitextualidade e hipertextualidade. O autor apresenta sua definição para os cinco tipos de relações alongando-se e aprofundando-se na exposição da hipertextualidade.

A relação hipertextual está baseada na interação entre um hipertexto que pode ou não citar um hipotexto (texto que o antecede) por meio de uma transformação que pode ser simples (ou direta) ou indireta. A paródia é um exemplo de transformação indireta que, a partir do "quadro geral das práticas hipertextuais" elaborado por Genette (1997: 28), pode ser entendida como um hipertexto que resulta de uma transformação lúdica de um hipotexto.

As obras de Ana Maria Machado e os contos selecionados de Roald Dahl têm um diálogo marcante com textos que compõem a tradição literária e contam com o leitor infantil como público-alvo principal. Tais características impõem a necessidade de observação de diferentes aspectos das obras e por esse motivo a leitura fundamentada no conceito de transtextualidade revela-se pertinente justamente por permitir uma visão multifacetada.

2 Os lobos de Ana Maria Machado

Na obra de Ana Maria Machado observa-se um jogo intertextual instaurado na capa, pois o título, o nome da autora e o do ilustrador formam um conjunto apresentado como um anúncio de emprego

---

* Tradução nossa. No original: "[...] I am inclined to recognize five types of transtextual relationships. I shall list them more or less in the order of increasing abstraction, implication, and comprehensiveness".

circulado em vermelho. Sabe-se que ainda há empresas que anunciam suas vagas em jornais impressos. Do ponto de vista do leitor, uma criança pode não ter a experiência de ler anúncio de emprego, mas certamente já deve ter se deparado com outros anúncios, e essa vivência, trazida para a leitura, possibilita o reconhecimento do gênero anúncio. Na ilustração da capa há sete lobos que observam o título/anúncio como se ele estivesse afixado em uma parede. Um dos lobos tem um jornal onde se lê "Folha dos Lobos" em uma das mãos, e outro carrega um carneiro. O título "Folha dos Lobos" remete o leitor a uma publicação tradicional e de grande circulação em São Paulo; já o carneiro remete, simultaneamente, às fábulas de Esopo e La Fontaine. O jogo intertextual entre o título *Procura-se Lobo*, a diagramação em forma de anúncio, o jornal e o cordeiro da ilustração criam a expectativa no leitor de encontrar uma história que associa de alguma forma a contemporaneidade e as histórias presentes no imaginário dos leitores em geral.

A leitura de um livro tem início quando o tomamos nas mãos. Assim, a observação do título, da ilustração da capa, o(s) paratexto(s) e/ou ilustrações incluídos na capa e quarta capa podem formar um conjunto que aguça a curiosidade do leitor, instigando-lhe a imaginação e/ou revelando-lhe parte do conteúdo da história. Em *Procura-se Lobo* observa-se que, enquanto na capa instaura-se uma grande expectativa, na quarta capa essa mesma expectativa é, até certo ponto, rompida pelo paratexto uma vez que informações importantes da história são reveladas, mas a presença das pegadas retoma o ato de procurar, investigar seguindo pistas. O título associado às pegadas sugere um jogo de "caça ao tesouro" apreciado pelas crianças e, ainda que o paratexto revele a real função do protagonista Manuel Lobo, referir-se aos diversos lobos que se candidatam à vaga como "intrometidos" estimula a curiosidade do pequeno leitor.

Cabe ainda observar o jogo instaurado entre dois sentidos do verbo "procurar", pois o título e o desenvolvimento da narrativa estabelecem a ideia de seleção, porque o anúncio sugere que apenas um lobo seria adequado para desempenhar a função. No entanto, no desfecho da história, compreendemos que o sentido mais adequado de "procurar" é a busca de localização. Isso é revelado quando o anúncio é reformulado e o leitor percebe que os responsáveis pelo anúncio, de fato, são documentaristas em busca de informações sobre os animais.

No início da história, somos informados sobre quem é o protagonista, Manuel Lobo, e que, por estar procurando emprego, está familiarizado com vocabulário comum em anúncios de emprego. A autora fornece ao leitor a explicação necessária sobre o que é um "currículo" e o que são "pretensões" nesse contexto, e entendemos que isso acontece porque há o pressuposto de que as crianças podem desconhecer tais termos. Na ilustração, na página da direita, vemos vários lobos lendo a "Folha dos Lobos" e, dentre eles, está Manuel Lobo e o formato de sua cabeça, olhos, orelhas, cabelo e nariz permitem que ele se misture com os lobos-animais, embora seja um lobo-humano.

Para a surpresa do leitor, Manuel Lobo, que é humano, não foi aceito para o trabalho porque a empresa buscava um lobo-animal e, como muitos outros lobos responderam ao anúncio, o personagem foi contratado para escrever cartas-respostas a esses candidatos. Dessa forma, as informações apresentadas até esse ponto da história articulam um jogo entre possíveis lobos envolvidos. Manuel Lobo é contratado porque escrevia bem, e o fato de gostar de ler e conhecer muitas histórias favorecia seu desempenho no trabalho, revelando-se dessa forma o traço distintivo do protagonista. As cartas às quais Manuel deveria responder foram escritas por diversos lobos-personagens que se candidataram ao trabalho e assim o emaranhado de lobos se completa. Salientamos que nessas cartas os personagens não assinam seus nomes, mas incluem informações que revelam quem são. Nas respostas de Manuel Lobo, há referências mais claras a respeito da história de cada personagem ou a história é nomeada.

Várias cartas enviadas pelos lobos-personagens são apresentadas com fontes que contribuem para revelar a identidade do personagem, enquanto as cartas-respostas enviadas por Manuel têm sempre a mesma fonte e diagramação por se tratarem de correspondências comerciais. Há lobos citados, mas não ilustrados, cujas identidades são reveladas apenas com alguma referência breve e suficiente para que o leitor possa identificar o personagem; há, contudo, histórias com referências bastante vagas cuja identificação pode não ser possível para o leitor, mas Manuel Lobo conhece todas elas: "A todos Manuel Lobo respondia" (Machado, 2011: 34), revelando sua erudição. No final da história entram em cena outros lobos, desta vez lobos "de verdade", de acordo com o anúncio reformulado "Procura-se lobo de verdade" (Machado, 2011: 37); muitas respostas foram enviadas com informações sobre lobos de diversas regiões do mundo.

Considerando as categorias genettianas, vê-se que a obra de Ana Maria Machado estabelece um diálogo intertextual essencialmente por meio de citações de diversas histórias, lendas e fábulas nas quais há um lobo como personagem principal ou coadjuvante. As citações intertextuais permitem ao leitor a percepção de que temos inúmeros lobos – personagens ou humanos – em nosso imaginário, mas que precisamos conhecer mais sobre as diversas espécies de lobos para que possam ser protegidas do risco de extinção. Dessa forma, a interlocução entre fantasia e realidade estimula a curiosidade da criança para buscar informações sobre vários lobos-personagens e sobre as espécies de animais citados. A intertextualidade apresenta-se na narrativa predominantemente por meio de citações que identificam os diversos lobos-personagens, mas há algumas alusões que exigem o domínio de um repertório que certamente o protagonista possui, mas o leitor pode não dominar. Quanto à arquitextualidade, vê-se que, embora a história de Machado não traga em seu título qualquer identificação explícita de gênero (conto, romance etc.), articulam-se, de maneira marcante, os gêneros anúncio e carta, pois toda a narrativa está construída a partir da leitura, pelo protagonista, de um anúncio de emprego e sua contratação para responder às cartas dos candidatos.

3 Os lobos de Roald Dahl

Em *Revolting Rhymes*, Dahl apresenta seis contos tradicionais, dentre os quais destacamos *Chapeuzinho Vermelho e o lobo* e *Os três porquinhos*. Antes de tecer comentários sobre os contos propriamente ditos, é relevante comentar o título da obra. Há uma relação de intertextualidade instaurada na medida em que um tipo de texto tipicamente direcionado ao público infantil está inserido no título, articulando um jogo de palavras: *nursery rhymes* são pequenas histórias, versos e acalantos lidos tradicionalmente antes de a criança dormir em um ambiente de aconchego. Dahl retoma essa tradição inserindo um elemento estranho no contexto, ou seja, não são "*nursery*", e sim "*revolting*", que remete a uma situação de incômodo, revolta e tumulto; a substituição do adjetivo original por outro produz um efeito de estranhamento e aguça a curiosidade do leitor.

É importante, também, comentar o título da edição brasileira – *Historinhas em versos perversos*, na tradução de Luciano Vieira Machado. O uso de diminutivo é comumente associado à expressão de afetividade, o que torna possível ao tradutor resgatar o jogo de palavras engendrado por Dahl – "*nursery rhymes / Revolting Rhymes*". A opção de qualificar os versos como perversos, além de incluir paronomasticamente "versos", resgata de alguma forma o sentido de *"revolting"*, pois "perverso" expressa ideia de um desvio, de algo pérfido.

Quanto ao conto *Chapeuzinho Vermelho e o lobo*, Dahl não faz alterações no título e retoma parte da história tradicional. Diferentemente da versão dos Irmãos Grimm, Dahl inicia sua versão quando o lobo chega à casa da avó. Assim, o autor parte do pressuposto de que o leitor já conheça o conto, e esse reconhecimento está de acordo com o esperado de uma paródia, ou seja, que haja uma retomada do hipotexto para que o hipertexto seja compreendido e haja fruição do efeito cômico.

Entendemos que no texto dahliano o efeito cômico articula-se por meio da troca de papéis do lobo e da Chapeuzinho. Após devorar a avó, o lobo declara que vai esperar por Chapeuzinho: "Then added with a frightful leer,/ 'I'm therefore going to wait right here/ 'Till Little Red Riding Hood/ 'Comes home from walking in the wood" (Dahl, 2001: 36). O uso do substantivo *"leer"* chama a atenção por acrescentar uma dose de malícia ao texto, pois o lobo representa uma figura masculina e o substantivo refere-se a um modo de olhar que revela maldade e crueldade, por um lado, e intenções sexuais, por outro. O acréscimo de malícia é evidenciado adiante: "He sat there watching her and smiled./ He thought, I'm going to eat this child./ Compared with her old Grandmamma/ She's going to taste like caviare" (Dahl, 2001: 38). O verbo *"eat"* também pode ser usado com conotação sexual em língua inglesa, assim como o verbo "comer" em português. Há ainda a comparação da carne da avó – depreciada pelo lobo – com a carne da menina, que é considerada uma fina iguaria como "caviar". Percebe-se, então, que a figura masculina representada pelo lobo está de acordo com o esperado na medida em que a força é metaforizada pela ferocidade do animal e a virilidade é evidenciada pela seleção lexical.

Por outro lado, a figura feminina representada por Chapeuzinho adota uma postura diferente do que se espera. A garota não esboça medo diante da figura aterrorizante do lobo, tampouco se apresenta como uma figura ingênua como a personagem costuma ser caracterizada; pelo contrário, faz um comentário ao final do clássico diálogo com o animal que foge totalmente do roteiro: "Then Little Red Riding Hood said, 'But Grandma,/ *what a lovely Great big furry coat you have on*" (Dahl, 2001: 38, grifo do autor). Com esse comentário, fica claro que a atitude da personagem diante do perigo é muito diferente daquela conhecida no conto tradicional. Adiante, tomamos conhecimento da ação da personagem: "The small girl smiles. One eyelid flickers./ She whips a pistol from her knickers./ She aims at the creatures's head/ And *bang bang bang*, she shoots him dead" (Dahl, 2001: 40, grifo do autor). Deve-se atentar para o fato de a menina levar uma arma de fogo consigo e, sobretudo, para o fato de ela ter ocultado a arma em sua roupa de baixo, embora estivesse carregando uma cesta.

Entende-se que a Chapeuzinho dahliana, diferentemente dos protagonistas dos contos tradicionais, não recebe ajuda de elementos mágicos para superar sua dificuldade; ela própria é dotada de astúcia e recursos que lhe permitem tomar decisões e agir de modo a enfrentar e suplantar o perigo. Dá-se, com isso, a troca de papéis a que nos referimos anteriormente, pois nos contos tradicionais espera-se da figura masculina esperteza, recursos e iniciativa suficientes para não só conquistar seu lugar no mundo, como também ser capaz de tornar-se um provedor competente; já à figura feminina associa-se delicadeza, docilidade e fragilidade. Na versão dahliana, vê-se o oposto, a figura masculina, que parece corresponder à imagem esperada, revela-se ingênua e frágil porque deixa-se ludibriar pela menina, e esta, por sua vez, revela-se muito sagaz e astuta e um agente de violência que mata o lobo. Tais características foram evidenciadas na edição brasileira com o uso de "pachola", "despachada" e "lesta" para descrever Chapeuzinho, adjetivos que remetem a esperteza, agilidade de movimento, orgulho, vaidade, arrojo, valentia e capacidade de encontrar soluções rapidamente. A malícia presente no texto em língua inglesa é retomada na tradução com o uso do verbo "comer", presente na digressão do lobo, implicando duplo sentido: "Ele olhou a menina e consigo pensou:/ Vou comer Chapeuzinho, ora se não vou!/ Comparada à Vovó, dura de amargar,/ sua carne, imagino, é que nem caviar" (Dahl, 2007: 45).

Quanto à presença de Chapeuzinho Vermelho no conto *Os três porquinhos*, é relevante apontar que a personagem é chamada pelo porquinho que morava na casa de tijolos para ajudá-lo a livrar-se do lobo que quer devorá-lo. Isso acontece porque o porquinho já ouvira sobre a bem-sucedida ação da garota para se livrar do lobo em sua própria história. Estabelece-se, nesse caso, uma relação intratextual na medida em que ambas as histórias fazem parte da coletânea de Dahl dispostas em sequência e a personagem é inserida em um conto do qual, tradicionalmente, não faz parte. A inclusão de Chapeuzinho, portanto, surpreende o leitor e instaura o efeito humorístico, e a comicidade é reforçada com o desfecho ainda mais inesperado: além de eliminar o segundo lobo, o porquinho que precisava de ajuda também é morto, e tal ação é revelada nos dois últimos versos: "But when she goes from place to place,/ She has a PIGSKIN TRAVELLING CASE" (Dahl, 2001: 47, destaque do autor).

4 Hipertextualidade em Machado e Dahl

A relação que se estabelece entre o hipertexto de Ana Maria Machado e os diversos hipotextos – a saber: *Chapeuzinho Vermelho e o lobo* e *O lobo e os sete cabritinhos*, dos Irmãos Grimm; *Os três porquinhos*, de Joseph Jacobs e as atualizações de Walt Disney; "O lobo e o cordeiro", de Esopo e La Fontaine; "O lobo em pele de cordeiro" atribuída a Esopo; os personagens Lobão e Lobinho, da Disney; *O livro da selva*, de Rudyard Kipling; a lenda da fundação de Roma; o conto musical "Pedro e o lobo", de Prokofiev; "Pequena história de São Francisco"; *Chapeuzinho Amarelo*, de Chico Buarque, e vários outros – ocorre principalmente por meio da intertextualidade. A autora traz para seu texto citações e alusões aos vários hipotextos, de forma que os leitores possam reconhecer ao menos algumas das histórias, sem aparentes alterações nos hipotextos.

Sabendo-se que os tipos de relações estabelecidas entre os textos, de acordo com Genette (1997), não são categorias estanques e considerando a definição de paródia apresentada, vê-se que na obra de Ana Maria Machado, à primeira vista, não ocorre transformação do hipotexto. O efeito cômico articula-se no jogo criado pelo emaranhado de lobos presentes na história, pelo jogo intertextual articulado pelas citações e alusões e a estruturação arquitextual da narrativa. Assim, temos um lobo-humano representando a contemporaneidade – Manuel Lobo está buscando emprego, realidade de milhares de pessoas –, diversos lobos-personagens que se candidatam à vaga anunciada (para quem Manuel Lobo escreve respostas) e os lobos-animais se tornam personagens de um documentário de cuja equipe Manuel Lobo participa. Quando esse jogo entre os lobos é percebido, revela-se a transformação nos hipotextos pressuposta na elaboração da paródia: se os lobos-personagens estão se candidatando ao emprego anunciado, subentende-se que estão desempregados, deixando de ser personagens das histórias sem que haja, contudo, referência alguma sobre isso no texto. Dessa forma, a intervenção nos hipotextos é apenas sugerida, e o leitor pode ou não perceber essa sutileza do texto. A nosso ver, mesmo que o leitor ignore tal sutileza, a fruição do efeito cômico ainda se concretiza devido ao jogo inusitado que traz personagens buscando emprego lendo um anúncio publicado em jornal.

Some-se a isso a articulação engendrada pela autora citando uma miríade de outros textos em que um lobo figura como protagonista ou não. Aparentemente, pode-se pensar que as diversas citações intertextuais constituam nada mais que uma brincadeira com os diversos textos; no entanto, é preciso olhar para além da camada superficial da narrativa para compreender que se trata justamente do fundamento da relação hipertextual do texto. Em outras palavras, para apreender a sugestão de que os personagens estavam desempregados ou em busca de novo trabalho como possível explicação para o interesse pelo anúncio que desencadeia a narrativa, é preciso uma leitura muito atenta que propicie um mergulho no texto.

Há que se considerar, também, a importância da arquitextualidade marcante do texto que, assim como a intertextualidade, fundamenta a relação hipertextual. O elemento que desencadeia a narrativa é um anúncio de jornal que sugere ao leitor a necessidade de seleção de um lobo que seja adequado para desempenhar algum tipo de atividade. Ora, a experiência do leitor com anúncios, principalmente classificados de emprego, associada à característica confirmatória da ilustração propõe o pacto entre narrador e leitor –estabelece-se que o principal elemento da narrativa é a busca por um emprego, e o pacto é confirmado com informações a respeito do protagonista fornecidas pelo texto verbal. Contudo, o anúncio em si é vago e não explicita que tipo de trabalho está disponível, nem o perfil de candidato buscado.

Quanto à arquitextualidade do texto, embora Machado não faça qualquer referência ao gênero, o título pode apontar para contos de fadas por incluir a palavra "lobo" e, simultaneamente, remete ao gênero anúncio com o auxílio da diagramação e da ilustração da capa. Além disso, tanto o gênero carta quanto outras narrativas – ficcionais ou não – são relevantes: as cartas são o meio de comunicação dos candidatos com o jornal e de Manuel Lobo com os candidatos, e o protagonista teve sua contratação condicionada ao fato de escrever bem associado à sua rica experiência de leitura, o que lhe permitiu identificar os candidatos e responder a eles de forma adequada. O vaivém de cartas – de apresentação dos diversos personagens e de resposta de Manuel Lobo – também não deixa claro por que os candidatos não são adequados. O leitor lê as cartas ao mesmo tempo que o protagonista e a falta de esclarecimento sobre o cargo anunciado contribui para que o suspense seja mantido até o final da narrativa. Não acreditamos que seja totalmente adequado identificar a narrativa como epistolar, mas a presença do gênero carta associado aos anúncios, inicialmente muito vagos e mais precisos depois de reformulados, é tão importante quanto as citações e alusões, e permitem o entrelaçamento de diferentes lobos: um lobo humano, lobos-animais e lobos-personagens, possibilitando um diálogo entre passado/presente e realidade/ficção, além de articular intertextualidade, arquitextualidade e hipertextualidade.

Em contrapartida, Dahl produz seus hipertextos subvertendo as histórias ao propor versões parodísticas. A interferência nos hipotextos realizada pelo autor é evidente, pois os finais dos contos são alterados de forma surpreendente, além da inserção da personagem Chapeuzinho em uma história que não é sua. As alterações na caracterização dos personagens – Lobo e Chapeuzinho – fundamentam a inversão dos papéis, bem como a malícia acrescentada ao texto por meio de referências sexuais (viabilizada essencialmente pela escolha lexical) e a apresentação de Chapeuzinho como uma jovem consciente de seus atributos femininos contribuem para a elaboração do hipertexto dahliano. No texto de Dahl, as diferentes relações descritas por Genette são relevantes, mas diferentemente de Machado, que tem a hipertextualidade intimamente ligada à arquitextualidade e intertextualidade, em Dahl vê-se de forma bastante clara a transformação do hipotexto para que a paródia seja construída no hipertexto.

5 Os lobos de Machado e Dahl em interação

As obras de Ana Maria Machado e Roald Dahl dialogam de maneira diversa com os hipotextos, conforme apontado anteriormente. Embora cada autor traga para seu texto a presença de outros de forma única, percebe-se um diálogo polifônico, segundo a concepção bakhtiniana. Além da relação entre gêneros textuais instaurada a partir da capa, Ana Maria Machado conta com o jogo entre dois campos semânticos do verbo "procurar", pois inicialmente o leitor é levado a compreender esse verbo como "selecionar", dentre tantos candidatos, um dos lobos para ser contratado; contudo, no final da história entende-se que o campo semântico adequado é referente à busca pela localização dos lobos para que uma equipe de filmagem possa fazer registros de diversas espécies desse animal. Esse jogo semântico enreda o leitor em um diálogo muito mais extenso e profundo na medida em que Machado traz para sua obra a relevância e valorização da tradição literária e da leitura – sua obra, por si mesma, explicita a relevância da literatura contemporânea, sobretudo a literatura para crianças e jovens e, por fim, evidencia a importância da discussão sobre questões ambientais. Identificando-se com Manuel Lobo, o leitor acompanha o percurso do personagem contratado justamente por ter pleno domínio da escrita e vasto conhecimento de histórias – factuais ou ficcionais. A erudição do personagem evidencia a relevância do domínio de fatos históricos, de literatura em geral, música popular, música erudita, literatura infantil contemporânea e canônica, desenhos animados, revistas em quadrinhos e cultura popular. Todos esses saberes, e outros, nos constituem como indivíduos e, simultaneamente, nos colocam em relação com o mundo e com outros indivíduos em um diálogo constante.

Por outro lado, o diálogo estabelecido entre a obra dahliana e a tradição literária especialmente dedicada às crianças, representada pela referência às *nursery rhymes*, os próprios textos parodiados dos Irmãos Grimm e Joseph Jacobs apontam para outra direção. Em várias obras de Dahl, a relação adulto/criança é questionada e posta em xeque. Particularmente em *Chapeuzinho Vermelho e o lobo* e em *Os três porquinhos* questiona-se, sobretudo, a relação feminino/ masculino, uma vez que a figura masculina representada pelo lobo tem seu percurso invertido, pois crê-se inicialmente que esteja em conformidade com a expectativa, ou seja, que seja forte, decidido, possuidor de recursos próprios e adequados para lidar com a vida, mas revela-se fraco e ingênuo. Por outro lado, a figura feminina – Chapeuzinho – desconstrói a imagem de criança ingênua, frágil e suscetível à ação do outro, revelando-se não só mais amadurecida como também esperta, corajosa, ardilosa e independente. Essa caracterização dos personagens, cujos papéis se invertem, nos leva a refletir sobre como o papel das figuras masculina e feminina sofreu alterações ao longo dos séculos, permitindo que questionemos o que já foi esperado de ambos – homem e mulher – e o que se espera atualmente.

Na medida em que construímos nossa imagem em uma relação de alteridade com quem nos relacionamos, a leitura permite à criança perceber essa relação dialética. É preciso considerar que uma criança não tem maturidade e experiência para conscientemente refletir acerca dessas questões humanas; contudo, acreditamos que a potência de um texto literário possa contribuir sobremaneira para a construção da personalidade dos leitores, permitindo-lhes que entrem em contato com dificuldades próprias por meio de espelhamento. Afinal, através da leitura de textos literários tradicionais e contemporâneos, jovens leitores tendem a se identificar com determinados personagens, que podem ficcionalmente apresentar angústias e dificuldades semelhantes às suas e, dessa forma, o leitor pode encontrar alívio na leitura, dando-se tempo para elaborar a situação.

6 Considerações finais

Levando-se em conta que somos indivíduos essencialmente sociais, é preciso lembrar que, para além das habilidades técnicas que caracterizam uma atividade profissional, as experiências culturais, sociais, políticas e ideológicas permeiam nossas relações com o outro. Assim, percebemos que tanto Ana Maria Machado quanto Roald Dahl estabelecem um diálogo fértil com os contos tradicionais, favorecendo a reflexão de diversos aspectos. Enquanto Ana Maria Machado propõe que olhemos para os lobos de verdade, além dos lobos-personagens, e para isso coloca em interlocução uma miríade de lobos, Dahl invoca a tradição para que possamos refletir sobre nosso papel no mundo, colocando em xeque o que se acredita ser o papel do masculino e do feminino.

Ambos os autores colaboram para a formação dos leitores mirins oferecendo textos bem-humorados e férteis, que instigam a imaginação e a reflexão sobre seu papel no mundo. A elaboração de textos que articulam diferentes camadas de compreensão possibilita a fruição também para os adultos, que podem não só desfrutar do humor em leitura compartilhada com crianças, mas participar da elaboração de conceitos complexos por parte das crianças e da construção de suas individualidades. Machado participa desse processo de individuação estimulando a percepção de que somos seres sociais, o que acarreta responsabilidades perante o mundo. Dahl, por sua vez, nos coloca diante da difícil tarefa de interagir com o outro em contextos sociais que exigem posicionamentos em relação de alteridade. Em suma, tanto Ana Maria Machado como Roald Dahl abordam aspectos fundamentais da formação do indivíduo como ser único e simultaneamente social para a formação das crianças.

Referências bibliográficas

ALCANTARA, Valquiria Pereira. *Roald Dahl: estudo comparativo de "Chapeuzinho Vermelho e o lobo" em língua inglesa e as traduções para o português.* Dissertação (Mestrado em Letras), Universidade de São Paulo, 2018.

BAKHTIN, Mikhail Mikhailovich. *Estética da criação verbal.* São Paulo: WMF Martins Fontes, 2011.

BAKHTIN, Mikhail Mikhailovich. (V. N. Volochínov). *Marxismo e filosofia da linguagem: problemas fundamentais do método sociológico da linguagem.* São Paulo: Hucitec, 2009.

DAHL, Roald. *Revolting Rhymes.* Londres: Puffin Books, 2001.

DAHL, Roald. *Historinhas em versos perversos.* São Paulo: Salamandra, 2007.

GENETTE, Gérard. *Palimpsests: Literature in the Second Degree.* Lincoln: University of Nebraska Press, 1997.

LINDEN, Sophie Van der. *Para ler o livro ilustrado.* São Paulo: Cosac Naify, 2011.

MACHADO, Ana Maria. *Procura-se Lobo.* Ilustrações de Laurent Cardon. São Paulo: Ática, 2011.

As mulheres entre as tramas dos teares de escrita na obra de Ana Maria Machado

Meire Oliveira Silva
Universidade de São Paulo

1 Introdução

Em sua vasta produção literária, entre obras de ficção, jornalismo, ensaios e pesquisa, Ana Maria Machado é consagrada para muito além da literatura infantil e juvenil, por mais que essa vertente a tenha firmado definitivamente como um dos maiores nomes da literatura brasileira. Acadêmica em Letras, orientada por Roland Barthes, foi também professora, jornalista e autora de obras que revolucionaram o modo de escrever para crianças e adolescentes no Brasil. Escreveu sobretudo acerca de estar no mundo e vê-lo como uma mulher. Perseguida pela ditadura civil-militar brasileira (1964-1985), foi exilada na década de 1970. E, também dessa experiência, diversos enredos foram tramados, assim como as teias permeadas por muitos outros encontros com tantas tessituras--mulheres ao longo dos tempos.

"O Tao da teia – entre textos e têxteis" resgata enredos discursivos sobre mulheres desde a Antiguidade greco-latina, passando pela Idade Média, até tempos e espaços mais próximos, como os séculos XVIII e XIX nas Minas Gerais e suas tradições. Ancora na contemporaneidade ecoando vozes que, há tanto silenciadas, seguem na resistência da palavra (Bosi, 2002) a fim de criar suas próprias narrativas. São histórias alinhavadas pela "carga simbólica [...] poderosa, associando útero e tecelagem, cordão umbilical e fio da vida, trama e coletividade" (Machado, 2003: 182) como discursos potentes em textos e vozes remotas a transverberar em sua obra.

Assim, erige uma literatura afeita ao memorialismo, mas também às transformações sociais – como as pautas feministas – e ao debate do lugar social da mulher em termos históricos e políticos. De Homero a Charles Perrault, desfilarão princesas e deusas; entre o Medievo e a Contemporaneidade, tecelãs e operárias; nas mais diversas representações femininas. Todas conduzirão o leitor entre os labirínticos nós das tramas narrativas de bordadeiras e fiandeiras ancestrais.

Neste trabalho, por meio de uma abordagem voltada aos estudos comparados de literatura, gênero e cultura, o ensaio "O Tao da Teia – sobre textos e têxteis" será analisado, e os diálogos com outros autores, tempos e obras serão traçados como potência catalisadora de múltiplas nuances presentes na obra de Ana Maria Machado, entre teias e fios enredados.

2 Teias e texturas

A leitura de "O Tao da teia" proporciona uma viagem literária que se estende do jardim da memória à folha de papel para mergulhar em Copenhague, Brasília, Bolonha, Califórnia e desembocar na Praia da Glória, Matacavalos, Londres, Paris, vilarejos medievais, além de reinos distantes e encantados. Esse percurso apresenta diversas mulheres envoltas em amarras vertidas em narrativas de libertação, inclusive na autoria masculina. Observa, por sua vez, Machado de Assis e Lima Barreto, que aludiram, ainda nos séculos XIX e início do XX no Brasil – essencialmente patriarcal e escravocrata –, à associação das letras e às linhas enoveladas pelas personagens femininas em seus livros. Em dialogismos atemporais, a escritora lança-se entre essas "cestinhas de linhas e agulhas" para encontrar Capitu. Assim, passaria a destrançar alguns dos nós deixados por *Dom Casmurro* (1899), em outra obra intitulada *A audácia desta mulher* (1999), de modo a remendar, um século depois, novas pistas oferecidas pelo próprio Bentinho que, no fundo, já sabia: "Capitu era Capitu, isto é, uma criatura mui particular, mais mulher do que eu era homem" (Assis, 1997: 841).

Dessa maneira, serão retomados outros textos e momentos da produção da escritora em movimentos intertextuais e interdiscursivos, assim como a atmosfera que compõe o ensaio "O Tao da teia". Objetiva-se compreender quais entrelaçamentos estéticos, históricos, estilísticos, sociais, políticos etc. conduzem essa extensa, contínua, relevante e complexa produção literária. Embora seja muito conhecida por representar um dos maiores exemplos da literatura infantojuvenil brasileira, a autora sempre tocou em diversas questões humanas, sociais e existenciais para além das classificações dos gêneros literários. Ao desafiar as possibilidades das expressões vocabular, sintática e semântica, especialmente nesse artigo de 2003[1], a escritora realiza uma análise que consegue contemplar não só os leitores e estudiosos de sua obra de ficção, mas também de crítica literária, em uma jornada por fios e fios de narrativas através dos tempos.

Além disso, a obra de Ana Maria Machado é composta de narrativas que tratam de questões muito caras à literatura, e o ensaio traz, ainda que na atmosfera de contação de estórias e histórias, um vasto exercício de análise crítica de sua própria escrita: letras também enredadas, entre temas, estilos, referências, diálogos com autores e obras universais. Como a história (ou estória?) da aranha do jardim, escondida no diário de 1992, mas resgatada pela memória, descrita logo no início do artigo:

---

1   A versão analisada neste trabalho é a de 2003, porém o texto foi publicado em 2001, com o título "Texturas: sobre leitura e escritos", pela editora Nova Fronteira. Foi relançado em 2016 no volume *Ponto de fuga: conversas sobre livros*, composto de outros ensaios e artigos de Ana Maria Machado, sob o título "Texturas: O Tao da teia – sobre textos e têxteis", pela Companhia das Letras.

> Diante do computador, eu trabalhava. Mas a Luísa, restava o jardim. De repente, ela me chamou com voz vibrante para ver alguma coisa. Aquele tom de voz inconfundível, de maravilhamento, com que nossos filhos tantas vezes nos presenteiam [...]. Num dos canteiros, entre uma longa folha lanceolada de um lírio rajado e um galho fino e espinhento de uma buganvília, esticava-se um único fio, tênue, transparente, quase invisível. Por ele andava uma aranha. (Machado, 2003: 173)

Ela emerge, todavia, como uma aranha *matrioska* ao costurar-se (de dentro para fora) em outras narrativas repletas de cerzideiras, mas também a reconstituir as memórias da própria autora, entre filhos, amigos e experiências. Ainda que estivesse escrevendo na ocasião outro livro, explica: "é bem possível que nesse momento tenha começado a nascer minha história 'Fio a fio', que depois acabou saindo em livro com o título de *Ponto a ponto*" (Machado, 2003: 175). E, por reconhecer as imbricações do *fator literário*, mas sobretudo o inefável[2] de tudo que aquele instante lhe proporcionou, completa: "Mas evidentemente, como todo texto, ele foi feito de vários fios. Alguns eu posso retraçar, outros não" (Machado, 2003: 175).

Dessas memórias, portanto, "O Tao da teia" partirá e percorrerá a Europa e as travessias mineiras, entre romanceiros que aludem a tempos suspensos, encontrando-se com as narrativas orais de origem ibérica que no Brasil aportaram:

> Como havia tanto tempo eu queria, incluía histórias de outras tecelãs e bordadeiras, da Grécia antiga ao interior de Minas, passando pela Europa medieval. Ou seja, ia das *Três Parcas* à *Velha a fiar*, passando por Penélope (esperta tecelã que eu já revisitara como personagem aludido em

---

2   "Algo *simples* e *raro*: a vivência de uma sensação de pertencer a uma totalidade, uma percepção próxima daquilo que os orientais chamam de Tao. Algo *indefinível* e que não pode ser posto em palavras" (Machado, 2003: 174, grifos meus).

meu romance *Alice e Ulisses*), por Ariadne e seu novelo que ajuda a sair de labirintos, pela bruxa da Bela Adormecida, e por outras mais. (Machado, 2003: 177)

Dessa forma, empreende-se uma jornada épica junto aos heróis e mitos antigos nas teias de Moiras, Penélope, Atenas, Aracne, Ariadne e tantas outras mulheres que tecem narrativas e fertilizam o imaginário com suas mãos de bordadeiras e tecedoras de destinos. Esperar o porvir enquanto bordam-se caminhos e possibilidades da trama do tecido pode simbolizar tanto processos de autoconhecimento quanto de reconhecimento de alteridades. A produção artesanal do bordado, assim como a escrita, se dá através da fabulação a partir das próprias mãos criadoras, conduzindo trajetórias

> [...] de mulheres que passavam o dia reunidas, tecendo juntas, separadas dos homens, contando histórias, propondo adivinhas, brincando com a linguagem, narrando e explorando as palavras, com poder sobre sua própria produtividade e autonomia de criação. (Machado, 2003: 181)

O texto transfigura-se na coletividade feminina, afirmando a criação e o poder do útero e da terra como símbolos de fertilidade, gênese operada também por mãos que tecem textos e tecidos como inventividades capazes de abrigar outras possibilidades. Nesse sentido, é essencial, para o exame da obra de Ana Maria Machado, buscar as ressonâncias de sua escrita enovelada a pontos e pontes entre os livros e leitores jovens e adultos.

Entre as vozes femininas reverberadas, a contação de histórias mescla-se a práticas cotidianas, até inconscientes, e à arte de enredar narrativas recolhidas do imaginário popular, do folclore e da literatura. As histórias femininas envoltas em tessituras históricas e sociológicas percorrem toda a obra, entrelaçada por jogos vocabulares e semânticos. O resultado é um novo universo apresentado aos leitores através de um convite à participação. Ao mesmo tempo que conta, o ensaio indaga e oferece pistas que precisam ser recolhidas porque dialogam com mundos possíveis dentro da imaginação e até antecipados pelo leitor, mas capazes de surpreendê-lo tanto pela subversão quanto por encantamento, e até por meio da provocação dos gêneros literários, assim como os demais textos da autora.

3 Mulheres enredadas em histórias

O "Tao da Teia" é engendrado por reflexões sobre o ser-mulher (Beauvoir, 1949) através dos tempos. Está calcado nas literaturas e histórias, fundindo ficção e realidade que sugerem metáforas atreladas ao ato de tecer, que também remete a *texto* em sua etimologia, de origem latina. Já da Grécia Antiga advêm muitas das narrativas contadas pela autora. Também de um momento único, pleno de *Tao*, entre mãe e filha, na constatação de que a "aranha vive do que tece" (Gilberto Gil), movem-se novas teias de significados a revelarem outros mundos possíveis, em um momento de convalescência e fragilidade, descrito pela autora.

A força de ser mulher, muitas vezes invisibilizada, pode ser aproximada do trabalho extenuante, porém resistente e insistente da aranha ao tecer suas teias e, naquele instante em suspenso, a maravilhar a narradora e sua filha. Elas também eram fortes e estavam unidas, em cúmplice e companheiro silêncio, a observar o surpreendente processo, na teia sinédoque dos milagres cotidianos, ainda que invisíveis:

> Nesse momento, não caía mais. Subia pelo fio. Até certo ponto, apenas. De repente parou e se jogou de novo no espaço, agora para cima, mais uma vez deixando um fio

no seu rastro, mas numa direção completamente diferente. Até alcançar outra folha. Depois voltou novamente pelo fio e retomou o processo. Percorria uma certa distância, mudava de direção, lançava-se no vazio secretando das entranhas o fiapo que a sustentava, fixava-o em algum ponto de apoio, retomava parcialmente o caminho percorrido [...]. Seguia com firmeza um plano matemático rigoroso, como quem não tem dúvida alguma sobre o que está fazendo. (Machado, 2003: 173)

A própria trajetória de Ana Maria Machado, também acadêmica, é retomada a cada "fio" narrativo, e a escritora se coloca como uma voz que contempla a alteridade de outras mulheres e, mais ainda, reconhece a diversidade dessas mãos tecelãs ao resgatar narrativas que demonstram a fortaleza de figuras femininas profundamente imbricadas à construção de si mesmas e de outras realidades, apesar das incessantes interdições. Estão unidas em afeto e determinação. A comunhão afetuosa também conduz a narrativa, logo na dedicatória: "Para Ruth Rocha e Marisa Lajolo, mestras de entrelinhas, irmãs nas linhas de escrever e de bordar" (Machado, 2003: 173). Três mulheres da mesma geração, igualmente empenhadas em ressignificar um país, desde os anos 1960, envolto em totalitarismos que subjugavam não somente a arte, mas também os corpos femininos a partir de um ponto de vista patriarcal, como terrenos propícios às violências. Contra os olhares habituados (e colonizados) à usurpação da terra, extraindo-lhe das entranhas a vitalidade, essas três obras seguem irmanadas em resistente defesa das letras e da força criadora das histórias e suas memórias.

O ensaio também dialoga, em chave contrária, com autoras como Michelle Perrot, cujos textos remontam aos séculos XIX e XX, a partir de reflexões acerca das funções destinadas às mulheres. Perrot questiona o lugar da mulher convencionalmente atrelado ao espaço doméstico em suas atividades reclusas e dedicadas ao lar e à família, apontando que "o destino da mulher é a família e a costura" (2005). Retrata a inserção das mulheres na vida pública e nas reivindicações grevistas e suas opressões associadas até mesmo ao Cristianismo e à tendência burguesa do feminismo que afastava as operárias do movimento. O "Tao da teia" vai de encontro a tais concepções de que os afazeres domésticos como a costura não são maneiras de expressar vivências humanas. Ao contrário, podem representar inclusive protagonismos a partir de subjetividades que a costura associa à própria escrita e à voz, ou seja, à criação e à expressão. Nesse momento, diversas personagens são retratadas como tecelãs e habilidosas costureiras com inegável função social. Possuem, portanto, o poder de escolha, sempre negado às mulheres.

E seguem diversas narrativas da já esquecida força de linhas e bordados e da resistência em traçar caminhos próprios e não destinos impostos. Como no exemplo da tecelã Aracne, moça habitante da Lídia, cuja destreza foi reconhecida como a melhor da região. Segue o excerto da versão latina em *Ponto a ponto* (2006), outro enredamento ligado ao "Tao da teia", especialmente aos leitores infantojuvenis:

> Parece que as mulheres não faziam outra coisa na vida a não ser tecer.
> Eram tantas as histórias que a voz contava...
> E, pelo jeito, às vezes esse trabalho podia ficar perigoso: "Há muito, muito tempo, vivia uma moça que era a maior tecelã do mundo.
> Os tecidos e tapeçarias que fazia eram tão deslumbrantes que todo mundo se admirava e jurava que nunca tinha visto nada assim perfeito.
> Ela foi ficando muito convencida e começou a dizer que tecia melhor do que qualquer outra, até mesmo do que as deusas. Melhor até do que Minerva, justamente a deusa que lhe ensinara todos os segredos da arte de tecer. Então

a divindade resolveu lhe dar uma lição e desafiou a moça para um duelo de tecelagem. (Machado, 2006: s.p.)

Deixando-se dominar pela vaidade, contrariou Minerva, de quem era discípula. Desse modo, a deusa nas artes – inclusive a de tecer –, disfarçada de anciã, aconselha a jovem a buscar, entre os mortais, toda fama que desejasse, contanto que reconhecesse a sua posição primordial. Aracne continuou arquitetando obras perfeitas, irritando Minerva, que a enfeitiçou, transformando-a em uma aranha. Condenada, então, a ficar suspensa na perfeita teia, suas arte e história confundem-se e somam-se ao drama de outras mulheres que, de acordo com a narração, um dia criaram novos destinos, apesar das adversidades:

> Herdeiras de Ananse, de alguma forma essas mulheres criadoras de textos e têxteis fazem uma síntese entre Aracne e Ariadne, formando o embrião de uma nova personagem. Talvez a possamos chamar de Ariacne – aquela que tece com perfeição os fios que irão um dia orientar sua própria saída do labirinto, desafiando o patriarca e derrotando o tirano. E criar um novo tecido. Uma trama, talvez. Uma linhagem, certamente. (Machado, 2003: 195)

A narrativa de Penélope também remonta à Antiguidade ao tecer para esperar o marido Ulisses voltar da Guerra de Troia. *Odisseia*, de Homero, ao narrar esses eventos em torno da jornada do herói, coloca o papel da mulher que consegue astuciosamente escapar dos assédios sofridos. Mostra-se, assim, uma postura ativa da costura. Apresenta-a como um recurso feminino, de se valer das ideias em torno da feminilidade e domesticidade, para deslizar seu sentido em direção a algo maior e surpreendente. Os bordados são representados como subterfúgios de resistência. Penélope, mais do que a esposa que passa anos em fidelidade e resignação, pode ser vista como a arguta mulher que escapou de um casamento imposto por meio das linhas tramadas por suas mãos. Representam-se diversos enredamentos e traçados, e o próprio leitor é levado a retomar outras narrativas associadas à costura como salvação pelo repertório sugerido. Não deve demorar para surgirem, nesse jogo entre o texto e a memória leitora, moças astutas como Sherazade, que adiou com histórias o seu fim. Desse modo, seguem-se os exemplos de episódios em que as mulheres se mantiveram em vigor e argúcia, ainda que "somente costurando".

4 Fios e pontos

Em *Ponto a ponto*, com outras histórias também tecidas pela aranha enredada ao diário da narradora, abrem-se as veredas de mais mulheres entrelaçadas por fios do destino, mas com variações entre as fontes gregas e latinas. A narrativa destinada ao público infantil, repleta de enigmas, traz pistas de subjetividades unidas em teias do imaginário e cancioneiro populares. A tradição das narrativas orais ecoa por meio de uma voz que conta fragmentos de histórias sem nomear autorias ou títulos. Convoca-se à participação do processo decifrador dos códigos linguísticos, históricos, sociais e literários. Apresentam-se caminhos para a formação leitora. Através dos tempos e das experiências, as imaginações são alçadas a outros universos, que envolvem os leitores na ação mágica de contar.

Narrativas dessa natureza revelam uma tentativa de retorno ao cerne da condição humana mais prosaica de transmitir experiências (e ensinamentos) por meio de gestos, traços e voz. A obra, iniciada por uma narração quase tangível, dada a informalidade vocabular e discursiva, convida à interlocução com tempos e enredos já largamente conhecidos, mas também humaniza a caracterização de uma voz ancestral – *aedo* ou *griot*? – que se irmana aos ouvintes--leitores em comunhão:

> Era uma vez uma voz.
> Um fiozinho à-toa. Fiapo de voz.
> Voz de mulher. Doce e mansa.
> De rezar, ninar criança,
> muitas histórias contar.
> De palavras de carinho
> e frases de consolar.
> Por toda e qualquer andança,
> voz de sempre concordar.
> Voz fraca e pequenina.
> Voz de quem vive em surdina.
> Um fiapo de voz que tinha
> todo o jeito de não ser ouvido.
> Não chegava muito longe.
> Ficava só ali mesmo, perto
> de onde ela vivia.
> Um pontinho no mapa.
> (Machado, 2006: s.p.)

E, imbricado a outras teias, ressurge o ensaio *Texturas* (2001), o primeiro título de "O Tao da teia" mencionado como um dos "fios da meada" de *Ponto a ponto*. Por meio de uma pontinha de questões a serem expandidas em reflexões de diversos níveis, é estabelecida uma ponte entre os leitores da "obra infantil" e os da "obra adulta", diluindo-se os limites impostos ao fazer literário e sua fruição:

> Conversinha fiada (com fios cruzados)
> Devo reconhecer que escrever esta história foi uma *verdadeira viagem literária – e bem emocionante*. Falar nas relações entre o texto e os têxteis acabou se revelando um mundo tão denso que sobrou coisa demais. Até *desaguou num ensaio específico, publicado separadamente, a que dei o nome de "Texturas" e no*

> qual examino mais a fundo o assunto. A quantidade de histórias lindas sobre moças que bordam e mulheres que fiam e tecem é enorme, e eu não podia incluir todas neste *Ponto a ponto*, para não embaraçar o novelo. Também não podia contar as histórias inteiras, para não perder o fio da meada. Limitei-me a fazer referência a elas, de forma resumida. (Machado, 2006: s.p., grifos meus)

O texto prossegue esclarecendo as pistas para o desvendamento desse imenso mapa literário. Desfia histórias dentro de histórias em um processo discursivo contínuo de contar e recuperar algumas narrativas que se constituem como diversas identidades entranhadas. Segundo Walter Benjamin (1986), é por meio das histórias já vividas e contadas que o indivíduo cria suas experiências, desde as narrativas casuais, familiares, cotidianas até as adquiridas com os livros. A pluralidade de emoções perpassa o elo responsável pela constituição dos sujeitos em interação contínua. Uma sociedade que fosse organizada sem essa possibilidade de fabulação (Candido, 1995) estaria privada de seus direitos de narrar e transmitir suas próprias experiências. A ideia de fabular e contar é libertadora e sempre fez parte da natureza humana.

Nesse sentido, pode-se entrever uma discussão ampliada pelo ensaio que, talvez, enseje reflexões sobre o significado das várias tramas da literatura hoje, sobretudo no que se refere aos enredos criados por mulheres, continuamente apagados da memória social. Questão muito pertinente nos dias movidos por preocupações atreladas ao capitalismo, mas sobretudo pelo estímulo à reflexão acerca da dimensão da habilidade de imaginar, que é inerente ao ser humano. Para tanto, retomam-se as ideias do poder humanizador das narrativas por meio de Antonio Candido:

> Vista deste modo *a literatura aparece claramente como manifestação universal de todos os homens em todos os tempos.* Não

> há povo e não há homem que possa viver sem ela, isto é, sem a possibilidade de entrar em contacto com alguma espécie de *fabulação* [...]. Ora, se ninguém pode passar 24 horas sem mergulhar no universo da ficção e da poesia, *a literatura concebida no sentido amplo a que me referi parece corresponder a uma necessidade universal, que precisa ser satisfeita e cuja satisfação constitui um direito.* (Candido, 1995: 242, grifos meus)

Do direito à imaginação e à necessidade de trocas e afetos, Ana Maria Machado desenrola o novelo de "O Tao da teia", e ainda que se trate de ensaio e não ficção, quase se pode ouvir sua voz. Essa magia reside também no fato de que a narração é um fenômeno cada vez mais raro na contemporaneidade tomada por uma urgência implacável de tecnologias e suportes digitais. Da "otimização" das relações humanas, emerge o retrato de uma sociedade pautada pela imposição técnica de instrumentalizar as mais prosaicas ações e sua própria condição no intuito de demonstrar mais produtividade. As crianças estão cada vez mais privadas da fruição do tempo. Desempenham diversas tarefas que, muitas vezes, lhes impedem de observar o misterioso trabalho de uma aranha. E, na ausência do ato narrador – substituído por *tablets* e *smartphones*, já que todos estão muito ocupados –, configura-se a perda da potencialidade, entre as gerações contemporâneas, de transmitir, por meio da palavra, suas experiências (Benjamin, 1986).

Deflagram-se, diante disso, interações efêmeras e incapazes de manter os elos prosaicos em que se manifeste o simples ato de contar de si e escutar o outro. O ensaio não traz essa problemática diretamente, mas provoca o desejo de ouvir diversas narrativas que talvez tenham ficado em algum lugar em que a vida era menos observada digitalmente e mais ouvida, saboreada e sentida. Por fim, pode-se dizer que "O Tao da teia" também alude à experiência da jornada e ao retorno a si mesmo, após o transformador processo de autoconhecimento, costurando-se por dentro de modo indizível.

Na descrição, os vocábulos que constroem o texto e suas relações de sentido estão imbricados com a arte da tecelagem, tarefa que na Antiguidade podia ser associada a seres mitológicos e divindades, ação também conexa à voz e ao protagonismo feminino transmitido pela contação das histórias, pelas tradições orais e ensinamentos ancestrais preservando memórias e caminhos de reflexão entre os engendramentos de *Ponto a ponto* a (tantas) "Texturas" que se confundem e igualmente comunicam a adultos e crianças:

> Até que, um dia, tudo saiu da linha. Com a dona da voz. Não quis mais aquela vida de tricô, sempre uma carreira depois da outra, tudo igual, ponto a ponto, laçada a laçada, de uma agulha para outra, vai e vem. Para agasalhar os outros. Da correnteza do rio para a reza da igreja. Pra lá, pra cá. Sem ir adiante. Corrente e cruz. Cruz e corrente. Mas a dona da voz seguiu o fio do pensamento e achou que podia ser diferente. (Machado, 2006: s.p.)

E, talvez, por se tratar de uma narrativa próxima à oralidade de uma conversa informal, que também utiliza no ensaio, a autora tenha deixado escapar quais foram as fontes das histórias ali contadas. Como em um jogo de adivinhas em que, após muita insistência dos participantes da brincadeira, o enigma é revelado. Desde "A velha a fiar" do folclore mineiro, "As Parcas", da mitologia grega, até outros contos europeus, ou os populares *Contos da carochinha* (1894), de Fernando Pimentel.

Para além das tramas que versam sobre o mesmo objeto (teias textuais femininas), como as analisadas até agora, é preciso considerar que a trajetória de Ana Maria Machado também sempre esteve enredada em questões muito caras não somente à literatura, mas à sociedade brasileira. Em *Uma, duas, três princesas* (2014), por exemplo, retoma-se a figura da princesa e é subvertido o esperado de uma representação feminina frágil. A jornada épica é desempenhada pelas princesas do título a fim de salvar todo o reino. Seguindo a mesma ideia de desconstrução dos estereótipos na literatura infantojuvenil, a autora já havia escrito *Menina bonita do laço de fita* (1986), antecipando de maneira sensível e lúdica alguns aspectos de valorização da representatividade negra na literatura infantil. Apesar de não ser uma obra centrada na discussão da identidade negra, a abordagem dessas questões, nos anos 1980, foi significativa. Em uma época na qual muitos preconceitos estavam naturalizados nos conteúdos de entretenimento consumidos pelas crianças brasileiras, em programas televisivos, séries, novelas e músicas, seus livros representam a vanguarda da literatura infantojuvenil. Certamente tais iniciativas de suas obras contribuíram para o atual movimento de reparação de muitas violências raciais e de gênero (Gonzalez, 2020) que rondaram a literatura brasileira desde o início.

5 Considerações finais

Este artigo, no enredamento entre narrativas reais e fictícias, parece fundir-se à própria subjetividade da autora/narradora, Ana Maria Machado, diante da escrita e de sua formação leitora, como veredas inseparáveis. Ler, escrever e criar, assim como costurar, bordar, tecer, sempre estiveram associados, por mais díspares que pudessem parecer. São, até mesmo, mostrados em "O Tao da Teia" como aspectos das existências femininas (Friedan, 1971) entremeadas a lutas constantes, desde as operárias costureiras até as preceptoras dos séculos XVIII e XIX.

Entretanto, as ancestralidades de identidades femininas se apresentam no artigo como descobertas do mundo e que, se sozinhas, pareceriam pequenas linhas quase invisíveis, mas em seu trabalho aparentemente diminuto persistem realizando obras extraordinárias, como aquela feita pela aranha e observada por Luísa. São, como a narradora contou, "Herdeiras de Ananse" e representam a "síntese entre Aracne e Ariadne" ao criarem seus próprios destinos continuamente transverberados na força que move a obra machadiana.

Referências bibliográficas

BEAUVOIR, Simone de. *O segundo sexo: fatos e mitos.* São Paulo: Difusão Europeia do Livro, 1980.

BENJAMIN, Walter. "O narrador". *In: Magia e técnica, arte e política: ensaios sobre literatura e história da cultura.* São Paulo: Brasiliense, v. 1, 1986.

BOSI, Alfredo. *Literatura e resistência.* São Paulo: Companhia das Letras, 2002.

CANDIDO, Antonio. *Literatura e sociedade.* São Paulo: Companhia Editora Nacional, 1965.

CANDIDO, Antonio. "O direito à literatura". *In: Vários escritos.* Rio de Janeiro: Ouro sobre Azul/São Paulo: Duas cidades, 1995.

FRIEDAN, Betty. *A mística feminina.* Rio de Janeiro: Vozes, 1971.

GIL, Gilberto. "Oriente". Expresso 2222. São Paulo: Universal Music, CD, 2017.

GONZÁLEZ, Lélia. "Racismo e sexismo na cultura brasileira". *In:* RIOS, Flavia; LIMA, Márcia. (Orgs.) *Por um feminismo afro latino-americano: ensaios, intervenções e diálogos.* Rio de Janeiro: Zahar, 74-93, 2020.

MACHADO, Ana Maria. *A audácia dessa mulher.* Rio de Janeiro: Nova Fronteira, 1999.

MACHADO, Ana Maria. "O Tao da teia – sobre textos e têxteis". *Estudos Avançados*, n. 17, v. 49, 173-196, 2003.

MACHADO, Ana Maria. *Uma, duas, três princesas.* São Paulo: Anglo, 2014.

PERROT, Michelle. *As mulheres ou os silêncios da história.* Bauru: Edusc, 2005.

Sobre os autores

André Araújo é jesuíta, vice-reitor da PUC-Rio e diretor do Centro Loyola de Fé e Cultura. É também professor do departamento de Letras da PUC-Rio. Aposta em um projeto linguístico-literário de enunciação que se lança na confluência com outras artes, a Filosofia e a Teologia. Publicou *Eu existo pelo nome que te dei: Ana C. por Bernardo Carvalho* (2009) e os livros de poemas *Sagrado primitivo* (2017) e *A Vila do Sino* (2019); este, com Geraldo Lacerdine.

Antonio Maura é membro-correspondente da Academia Brasileira de Letras. Foi diretor do Instituto Cervantes no Rio de Janeiro (2017-2022) e atuou como diretor da Cátedra de Estudos Brasileiros da Universidade Complutense de Madri. É autor do ensaio "Cartografía Literaria de Brasil"(2014) e dos romances *Voz de humo* (1989), *Semilla de Eternidad* (2005) e *Ayno* (2011), além do livro de contos *Piedra y cenizas* (2002). Traduziu *Casa-Grande & Senzala*, de Gilberto Freyre, para o espanhol (2010). Por seu trabalho em prol da cultura brasileira, recebeu o prêmio Machado de Assis (1993) e a medalha da Ordem do Rio Branco (1997).

Ascensión Rivas Hernández é professora de Teoria da Literatura e Literatura Comparada na Universidade de Salamanca e crítica literária da revista espanhola *El Cultural*. Desde 2008 colabora com o Centro de Estudos Brasileiros da Universidade de Salamanca, no qual dirigiu diversos projetos sobre a recepção crítica da literatura brasileira na Espanha.

Cristiane Ferreira de Souza é doutora em Linguística Aplicada, com ênfase em Ensino de Literaturas (UFRJ), e mestre em Letras Vernáculas (Literatura Brasileira/UFRJ). Possui graduação em Ciências Econômicas (UERJ) e em Letras (Português/Inglês, UVA) além de pós-graduação em Literatura Infantojuvenil (UFRJ), Gestão e Administração Escolar

(UCAM) e Produção Textual (UFF). Trabalhou como professora na UERJ e no Colégio Pedro II. Atualmente é servidora da rede pública estadual (Fundação CECIERJ) e atua como professora na rede privada de educação.

Elvira Luengo Gascón é professora na Universidade de Zaragoza, Espanha. Formou-se em Filologia Hispânica e Francesa, Psicologia e Pedagogia. Doutourou-se em Literatura Comparada e atualmente é diretora da revista *Ondina~Ondine: Revista de Literatura Comparada Infantil y Juvenil*.

Giulia Manera é professora associada da Universidade da Guiana Francesa, membro da unidade de pesquisa MINEA e pesquisadora associada do Centro de Pesquisa Interdisciplinar sobre o Mundo Lusófono. Mestre em Letras e Filosofia pela Universidade de Bologna (Itália) e doutora em Estudos Romanos-Português pela Universidade Paris Nanterre, é autora de numerosos trabalhos sobre a literatura de autoria feminina, representações do gênero e os feminismos no Brasil contemporâneo.

Maria Eunice Moreira é professora aposentada da Escola de Humanidades e Letras da PUC-Rio Grande do Sul. Foi diretora da Faculdade de Letras e editora da revista *Letras de Hoje*, da mesma instituição, além de editora da revista binacional *Navegações: Revista de Cultura e Literaturas de Língua Portuguesa*, da Universidade de Lisboa. É pesquisadora do CNPq e membro do Centro de Literaturas de Expressão Portuguesa (CLEPUL) das Universidades de Lisboa.

María Isabel López Martínez é professora de Teoria Literária e Literatura Comparada da Universidade de Estremadura. Dedicou-se aos estudos da poesia espanhola contemporânea e ao pensamento do Século de Ouro, além das relações entre pintura e poesia. Da mesma forma, interessa-se por literatura brasileira. É ganhadora dos prêmios Archivo Hispalense, Accésit de Monografías Nuestra América, Pablo García Baena e o de Crítica Literária Amado Alonso.

Maria da Luz Lima Sales é mestre e doutora em Ciências da Educação pela Universidade de Évora (Portugal), professora titular do Instituto Federal do Pará e atua como líder do projeto de pesquisa *Outridades*, no qual pesquisa sobre literatura brasileira e, principalmente, a questão do Outro em nossa sociedade. É autora dos livros *Gramática, letra & música* (2022), *O Tocador de Flauta e outros contos* (2022) e dos livros infantis *A boneca russa* (2023) e *Os sapatos de cristal* (2024).

Marilene Weinhardt é professora aposentada de Literatura Brasileira e docente do programa de pós-graduação em Letras da Universidade Federal do Paraná (UFPR). Especialista nas relações entre ficção e história, é autora dos livros *O suplemento literário d'O Estado de S. Paulo 1956-67: subsídios para a história da crítica literária no Brasil* (1987), *Mesmos crimes, outros discursos?* (2000) e *Ficção histórica e regionalismo* (2004).

Meire Oliveira Silva tem mestrado e doutorado em Teoria Literária e Literatura Comparada pela USP. É docente de Teoria da Literatura e Literatura de Língua Portuguesa do curso de Letras da Universidade Federal do Maranhão (UFMA). É pesquisadora em Literatura e Cinema, voltando-se para o memorialismo e a identidade cultural brasileira. É autora de *O cinema-poesia de Joaquim Pedro de Andrade: passos da paixão mineira* (2016), *Liturgia da pedra: negro amor de rendas brancas* (2018) e *O caos e a lira* (2019).

Michela Graziosi possui doutorado em Filologia e Literatura Românica pela Universidade de Roma La Sapienza, onde é secretária da Cátedra Vieira e *cultrice della materia* pela Cátedra de Língua e Tradução Portuguesa e Brasileira. Ministrou a disciplina de Literatura Portuguesa e Brasileira na Universidade D'Annunzio, em Pescara, e obteve duas bolsas de Pós-Doutorado em Língua e Tradução Portuguesa e Brasileira na Universidade La Sapienza.

Valquiria Pereira Alcantara é graduada e licenciada em Português e Inglês pela USP. Possui especialização em Língua Inglesa e Aperfeiçoamento em Literatura Infantil e Juvenil pela mesma universidade, na qual também doutorou-se na área de Estudos da Tradução. É membro do Grupo de Pesquisa Produções Literárias e Culturais para Crianças e Jovens (GPPLCCJ), vinculado ao CNPq.